Stefanie Brodhage & Pippa Goch

Sozialkompetenz in der Grundschule spielerisch fördern

145 Spiele zum sozialen Lernen – auch für DaZ-Kinder und Kinder ohne Kita-Erfahrung

Verlag an der Ruhr

Impressum

Titel
Sozialkompetenz in der Grundschule spielerisch fördern
145 Spiele zum sozialen Lernen auch für DaZ-Kinder und Kinder ohne Kita-Erfahrung

Autorinnen
Stefanie Brodhage, Pippa Goch

Umschlagmotive und Motive im Innenteil
Stoffstruktur © ANNA_KOVA, Sprechblase © infostocker – beide Shutterstock.com

Illustrationen
falls nicht anders angegeben: Anja Boretzki

Druck
Heenemann GmbH & Co. KG, Berlin, DE

Verlag an der Ruhr
Mülheim an der Ruhr
www.verlagruhr.de

Geeignet für die Klasse 1–2

ISBN 978-3-8346-6292-7

Inhaltsverzeichnis

Einleitung

Die Entwicklung von sozial-emotionalen Fähigkeiten ist ein lebenslanger Prozess und wird in hohem Maße durch die Bindungserfahrungen der Kinder in ihren Familien geprägt. Mit dem Ausweiten der Lebenswelt auf Kindergarten und später Schule kommen für Kinder weitere wichtige Erfahrungen hinzu, die die sozialen Verhaltensweisen wesentlich beeinflussen[1]. Studien belegen mittlerweile, dass ein erfolgreiches Schulleben wesentlich von einer hohen sozial-emotionalen Kompetenz abhängt[2].
Es wird in dem Gutachten der Ständigen Wissenschaftlichen Kommission der Kultusministerkonferenz (SWK) darauf hingewiesen, dass ein hoher Anteil an Grundschulkindern Schwierigkeiten hat, sich sozial kompetent zu verhalten und die Emotionen erfolgreich zu regulieren. Hier wird die verbindliche und systematische Verankerung der Förderung sozial-emotionaler Kompetenzen im Grundschulsystem gefordert[3].
Auch wird für den Menschen der Zukunft eine hohe emotionale Intelligenz ein wichtiges Merkmal sein. Es lohnt sich daher, diesem Bereich im Anfangsunterricht einen großen Stellenwert zuzuschreiben.

Dieses Buch richtet sich daher an Pädagog*innen[4], die mit Kindergruppen in der Schuleingangsphase (ca. 6 bis 8 Jahre) zusammenarbeiten, und möchte dazu ermutigen, den sozial-emotionalen Kompetenzen einen festen Platz im Stundenplan einzuräumen.
Die Übungen in diesem Buch sollen Kinder befähigen, sich selbst wahrnehmen zu können. Das Erlernen eines sensiblen Umgangs mit dem eigenen Körper und der Entdeckung und dem Verstehen der eigenen Gefühle ist hierbei essenziell.

Weitere Spiele und Übungen zielen darauf ab, dass die Kinder auch das Gegenüber verstehen lernen und Empathie entwickeln. Letztendlich soll das Gemeinschaftsgefühl der ganzen Klasse gestärkt und allen Anwesenden Freude bereitet werden.

Kinder brauchen andere Kinder, um in soziale Gemeinschaften hineinzuwachsen, durch die Spiele und Übungen werden Erfahrungen ermöglicht, die Regelverständnis, Frustrationstoleranz, Rücksichtnahme und Kooperationsfähigkeit stärken.

---

[1] vgl. Zimmer 2014, 39 ff. und Pfeffer 2012, 16 ff.
[2] vgl. Zimmer 2014, S. 51
[3] vgl. SWK, 2022, S. 4 ff.
[4] Der Verlag an der Ruhr legt großen Wert auf eine geschlechtergerechte und inklusive Sprache. Daher nutzen wir das Gendersternchen, um sowohl männliche und weibliche als auch nichtbinäre Geschlechtsidentitäten einzuschließen. Alternativ verwenden wir neutrale Formulierungen.
An einzelnen Stellen in diesem Buch verzichten wir dennoch auf das Gendern. Dies ist eine Einzelfallentscheidung aus didaktischen Gründen und ist in keinem Fall ausschließend oder diskriminierend zu verstehen.

Dieses Buch entstand im Zuge unserer eigenen schulischen Arbeit mit Kindern, die über geringe Deutschkenntnisse und wenig Vorerfahrungen mit kooperativen Spielen verfügten. Der überwiegende Teil dieser Kinder hatte zuvor keinen Kindergarten besucht, weshalb neben den sprachlichen auch die basalen Fähigkeiten Defizite aufwiesen. Zunehmend war eine geringer werdende Konzentrationsfähigkeit und Frustrationstoleranz bei Schuleintritt der Kinder zu beobachten.

Während der Recherche und Durchführung eines sozialen Kompetenztrainings in der Schuleingangsphase ist uns aufgefallen, dass bereits vorhandene Trainings (sogar für das Vorschulalter) häufig für diese Zielgruppe nicht geeignet sind: Die sprachlichen Voraussetzungen in den Spielen sind zu hoch. Hinzu kommt, dass einige soziale Kompetenztrainings zwar in eine schöne Geschichte eingebettet sind, diese jedoch aufgrund der Sprachbarriere nicht ausreichend von unserer Zielgruppe verstanden wird. Zudem passt der zeitliche Rahmen der vorhandenen Kompetenztrainings oft nicht in den schulischen Rhythmus.
Aus diesem Grund haben wir bereits erprobte Spiele auf unsere Zielgruppe angepasst, eigene Spiele entwickelt und in diesem Buch zusammengetragen. Die Spiele sind in verschiedene Kategorien (wie Aufwärmspiele, Wahrnehmungsspiele, kooperative Spiele ...) gruppiert und lassen sich flexibel kombinieren. So ist es leicht möglich, sich eigene Einheiten zusammenzustellen. Jede Einheit beginnt mit einem Aufwärmspiel und endet mit einem Abschlussritual. Dazwischen kann sich die Spielleitung die Einheit mit den Spielen aus den verschiedenen Kategorien selbst zusammenstellen.

Allgemeine Hinweise

Die Spiele in dieser Spielesammlung sind folgendermaßen aufgebaut:

* Name des Spiels
* Schwierigkeitsgrad (einfach, mittel, schwierig)
* Spielform (Kreisspiel, Gruppenspiel oder -übung, Partnerübung, Einzelübung)
* Ort (Gruppenraum, Sitzkreis oder Stehkreis, Turnhalle, draußen)
* Dauer des Spiels
* Material, das benötigt wird
* Ablauf des Spiels

Im Buch finden Sie folgende Abkürzungen und Symbole:

SL → **die Spielleitung**

(!) → **besondere Hinweise**

Die **Dauer** der Übungen ist jeweils für einen Durchgang angegeben. Bei Spielen, die mit der kompletten Klasse gespielt werden können, ist das Spiel nach der angegebenen Zeit zu Ende. Bei Spielen, die nur mit zwei oder drei Kindern gleichzeitig gespielt werden können, muss die SL die Dauer hochrechnen, wenn alle Klassenmitglieder an die Reihe kommen sollen. Dies wird bei den besonderen Hinweisen der einzelnen Spiele erwähnt.

Hinweise zur Durchführung

Aufbau einer Übungsstunde

Zunächst sollten die Einheiten wöchentlich stattfinden. Am besten planen Sie einen festen Tag in der Woche für die Durchführung ein. Eine Einheit von ca. 45 Minuten sollte ein **Anfangsritual/Warm-Ups** (vgl. Kapitel 1), ein bis zwei **Spiele** aus den Kapiteln 3 bis 5 und ein **Abschlussritual** (vgl. Kapitel 6) enthalten. Wenn sich eine Gruppe neu zusammengefügt hat, sind eine Reihe von **Kennenlernspielen** unter Kapitel 2 zu finden. Wenn sich durch die **Wahrnehmungs- und Kooperationsspiele** (vgl. Kapitel 3 und 4) ein Wir-Gefühl entwickelt hat, können Sie die **Übungen zu den Gefühlen** (vgl. Kapitel 5) mit aufgreifen. Je öfter Sie die Übungen durchführen, desto eher wird das Verhalten der Kinder gefestigt. Wichtig ist es zudem, mit den Kindern nach jeder durchgeführten Einheit zu reflektieren.

Wenn es während der Durchführung unruhig wird

Sollte es während der Übungen unruhig werden, ist ein **Klopfrhythmus** ein gutes Medium, um wieder Ruhe in die Gruppe zu bringen: Angefangen mit größeren Bewegungen, werden beide Hände 5-mal auf die Oberschenkel gepatscht. Danach wird 5-mal in die Hände geklatscht, 5-mal mit den Armen überkreuz auf die Schultern getippt, dann 5-mal mit der rechten Hand auf den linken ausgestreckten Arm geklopft, 5-mal beide Zeigefinger aufeinandergelegt und zum Schluss ein allgemein verabredetes Leise-Zeichen durchgeführt.

Wenn Kinder nicht mitmachen

Wenn Kinder Spiele nicht mitspielen wollen, hat dies verschiedenste Gründe. Diese gilt es erst einmal, herauszufinden (Schamgefühl, Unwohlsein, Unsicherheit etc.). Deshalb sollten die Spiele unter dem Aspekt der **Freiwilligkeit** durchgeführt und kein Zwang ausgeübt werden. Aus unserer Erfahrung können wir sagen, dass mit der Zeit meist alle Kinder gern mitmachen.

Für ein gutes Miteinander

Folgende **Regeln** sollten die Kinder für ein gutes Miteinander während der Übungen einhalten:

- Freundlich und respektvoll miteinander umgehen
- Einander zuhören
- Leise melden
- Achtsam mit Dingen umgehen
- Teambewusstsein (entsteht im Laufe der Übungen, machen Sie aber schon zu Beginn darauf aufmerksam)

Es bietet sich an, diese Regeln als Bildsymbole sichtbar aufzuhängen.

Hier können Sie auch auf die eigenen Klassenregeln zurückgreifen.

1. Warm-Ups (WUPS)

Anfangsrituale dienen als Eisbrecher und schaffen einen gemeinsamen Start in die darauffolgenden Übungen.

Rituale geben den Kindern Sicherheit und machen ihnen deshalb Spaß.

Wenn Sie sich für ein Ritual entscheiden, sollte dies erst einmal über mehrere Einheiten beibehalten werden, damit es wirklich ein Ritual ist.

Klopfende Hände

Schwierigkeitsgrad: *einfach*
Dauer: *5 Minuten*
Spielform: *Kreisspiel*
Ort: *Sitzkreis*
Material: *Musik*

Ablauf:
Alle Kinder sitzen im Kreis. Es läuft schöne, entspannende Musik.
Die SL erzählt, dass der Körper langsam von unten nach oben wach geklopft wird: angefangen bei den Füßen, über die Beine, den Bauch, die Brust, die Arme und Schulter bis zum Kopf.
Als Letztes können als achtsamer Abschluss noch die Ohren massiert oder die warmen Handinnenflächen (vorher Handflächen stark aneinander reiben) an die Augen gehalten werden.

Wir schenken uns einen Klang

Schwierigkeitsgrad: *einfach*
Dauer: *10–15 Minuten*
Spielform: *Kreisspiel*
Ort: *Sitzkreis*
Material: *Musikinstrument (langer Klang, z. B. Sansula, Klangschale, Zimbel)*

Ablauf:
Alle Kinder sitzen im Kreis.
Ein Kind erzeugt einen Klang und alle hören so lange zu, bis er verklungen ist.
Erst dann wird das Instrument weitergegeben. Gern können auch die Augen geschlossen werden.

! Das Spiel kann für Kinder, die nicht lange ruhig sitzen bleiben können, eine Herausforderung sein. Ist die Gruppe zu groß oder sind viele Kinder dabei, die nicht lange ruhig sitzen bleiben können, empfiehlt es sich, einige wenige Kinder auszuwählen, die einen Klang erzeugen.

Blumenwachsen

Schwierigkeitsgrad: *einfach*
Dauer: *10–15 Minuten*
Spielform: *Gruppenspiel*
Ort: *Gruppenraum*
Material: *Musik*

Ablauf:
Jedes Kind sucht sich einen Platz im Raum mit genügend Abstand. Die Kinder starten gebückt auf dem Boden. Die Musik geht an und die SL erfindet eine Geschichte, wie z. B.:
Es wird Sommer und die Sonne scheint, die Blumen beginnen, zu wachsen. Sie werden immer größer, bilden eine Knospe, die sich dann schließlich in den warmen Sonnenstrahlen öffnet …
Während der Geschichte werden die Kinder immer größer und zu einer blühenden Blume (Arme über die Seiten nach oben heben und mit den Händen eine Blüte darstellen).

Die summende Fliege

Schwierigkeitsgrad: *einfach*
Dauer: *5 Minuten*
Spielform: *Kreisspiel*
Ort: *Sitzkreis*
Material: –

Ablauf:
Alle Kinder sitzen im Kreis. Die SL tut so, als ob sie zwischen ihren beiden Händen eine kleine Fliege gefangen hat. Nun fliegt diese los und summt (der Zeigefinger der SL folgt der Flugbahn einer imaginären Fliege, dabei summt diese beim Hochfliegen heller, beim Herunterfallen dunkler). Die Fliege wird an das rechte oder linke Kind weitergegeben, indem dieses seine Handfläche bereithält und die Fliege darauf Platz nimmt (der Zeigefinger der SL landet kurz auf der Handfläche). Nun lässt das Kind die Fliege weiterfliegen und gibt diese dann an das Nachbarkind ab.
Ist die Fliege wieder bei der SL angekommen, so nimmt sie diese wieder zwischen beide Hände und lässt sie anschließend frei.

Das kleine Hallo

Schwierigkeitsgrad: *einfach*
Dauer: *5 Minuten*
Spielform: *Kreisspiel*
Ort: *Stehkreis*
Material: –

Ablauf:

Alle Kinder stehen im Kreis und halten sich an den Händen. Ein Händedruck wird ohne Worte weitergegeben und muss wieder am Anfang ankommen.

! Wenn sich die Kinder nicht an den Händen halten wollen, können sie auch eine Hand auf die Schulter des Nachbarkindes legen und einmal leicht klopfen. Die Hand bleibt während der gesamten Runde dort liegen.

Klatschkreis

Schwierigkeitsgrad: *mittel*
Dauer: *5–10 Minuten*
Spielform: *Kreisspiel*
Ort: *Stehkreis*
Material: –

Ablauf:

Alle Kinder stehen im Kreis. Ein Kind fängt an und gibt einen Klatscher weiter. Es gibt dabei folgende Möglichkeiten:
Zap: Der Klatscher wird nach rechts weitergegeben und dabei wird *„Zap"* gesagt.
Zip: Der Klatscher wird nach links weitergegeben und dabei wird *„Zip"* gesagt.
Boing: Das Kind klatscht nicht, springt einmal in die Höhe und sagt dabei *„Boing"*. Das Nachbarkind des springenden Kindes gibt den Klatscher weiter.

Zunächst sollen alle Möglichkeiten mindestens einmal im Kreis weitergegeben werden. Wenn die Kinder sich mit den Impulsen vertraut gemacht haben, wird alles gemischt. Jedes Kind darf sich einen Impuls aussuchen, wenn es an der Reihe ist.

Piff, Paff, Puff

Schwierigkeitsgrad: *mittel*
Dauer: *10 Minuten*
Spielform: *Kreisspiel*
Ort: *Stehkreis*
Material: –

Ablauf:

Alle Kinder stehen im Kreis. Ein Kind darf anfangen. Es klatscht in die Hände, sagt *„Piff"* und zeigt gleichzeitig mit dem rechten, ausgestreckten Arm deutlich auf ein Kind (auch Blickkontakt muss eindeutig sein). Dieses Kind muss nun wiederum schnell reagieren und auf ein nächstes Kind mit dem Wort *„Paff"* zeigen. Das dritte Kind sagt nun schnell *„Puff"* und zeigt auf das nächste Kind. Dieses muss nun von vorne beginnen und wieder *„Piff"* sagen usw.

Zu Anfang sollten die Kinder daran erinnert werden, eindeutige Gesten zu machen und das Kind, welches drangenommen wird, auch eindeutig anzuschauen. Mit der Zeit werden die Kinder sicherer und es kann immer schneller gespielt werden.

Wer das falsche Kommando sagt oder nicht reagiert, scheidet aus.

! Es können auch mehrere Kinder gewinnen, dann wird das Spiel einfach beendet, sobald noch drei oder zwei Kinder übrig sind (vorher mit den Kindern besprechen).

Dino Eins ruft Dino Zwei

Schwierigkeitsgrad: *schwierig*
Dauer: *10 Minuten*
Spielform: *Kreisspiel*

Ort: *Stehkreis*
Material: –

Ablauf:

Die Kinder stehen im Kreis und werden einmal laut durchgezählt. Jedes Kind soll sich seine Zahl merken und hebt anschließend seine Hand auf Brusthöhe, ballt sie zu einer Faust und tut so, als ob der Daumen einen Knopf drückt. Dabei sagt das Kind mit der Nummer eins: *„Dino Eins ruft Dino Vier."*
Dino Vier muss nun sagen: *„Dino Vier ruft Dino Acht."* usw.

! Wer zögerlich reagiert, fliegt raus. Sollten sich die Kinder die Zahlen nicht merken können, so kann die SL die Zahlen z. B. auf den Handrücken schreiben.

2. Kennenlern-spiele

Kennenlernspiele werden gespielt, wenn sich Gruppen neu zusammenfinden und die Kinder sich noch nicht so gut kennen oder die SL die Gruppe noch nicht kennt.
Gut einsetzbar sind sie daher vor allem zu Beginn des Schuljahres oder zu Beginn der Arbeit mit einer neuen Fördergruppe. Durch diese Spiele werden die Kinder miteinander bekannt gemacht und es wird Vertrauen untereinander aufgebaut. Dies ist eine wichtige Grundlage für die folgenden Spiele.

Namen klatschen

Schwierigkeitsgrad: *einfach*
Dauer: *5–10 Minuten*
Spielform: *Kreisspiel*
Ort: *Sitzkreis*
Material: –

Ablauf:
Alle Kinder sitzen im Kreis. Die SL macht es einmal vor: Patschen – Klatschen – Schnipsen. Dabei sagt sie beim Patschen *„Ich"*, beim Klatschen *„heiße"* und beim Schnipsen den eigenen Namen. Sie gibt mit einem Blick den Impuls an ein anderes Kind weiter. Alternativ kann das Spiel auch einfach der Reihe nach gespielt werden.

Ich kann/Ich mag ...

Schwierigkeitsgrad: *einfach*
Dauer: *5–10 Minuten*
Spielform: *Kreisspiel*
Ort: *Stehkreis*
Material: *kleines Kissen*

Ablauf:
Die Kinder stehen im Kreis und werfen sich ein kleines Kissen zu, nennen ihren Namen und sagen etwas, das sie gut können oder gern mögen, z. B.: *„Ich heiße Amira und kann schnell rennen."* oder: *„Ich heiße Munir und ich mag gern Pizza."*

! Bei Kindern, die von sich aus keine Kompetenzen nennen können, kann die SL entweder einige aufzählen oder aber fragen, was sie gern machen.

Mein rechter, rechter Platz ist frei

Schwierigkeitsgrad: *einfach*
Dauer: *15 Minuten*
Spielform: *Kreisspiel*
Ort: *Sitzkreis*
Material: –

Ablauf:
Alle Kinder sitzen im Kreis. Das Spiel beginnt dort, wo ein rechter Platz frei ist. Das Kind muss nun mit der rechten Hand auf den Platz klopfen und dabei sagen: *„Mein rechter, rechter Platz ist frei, ich wünsche mir ... herbei."* Das Kind, welches herbeigewünscht wurde, setzt sich nun auf den Platz und das nächste Kind, bei dem nun ein rechter Platz frei geworden ist, macht weiter.
Kennen sich die Kinder besser, so kann man das Spiel erweitern, indem die Kinder sagen: *„Mein rechter, rechter Platz ist frei, ich wünsche mir ... als ...* (Tier nennen) *herbei."* Das ausgewählte Kind muss nun den Weg zum freien Platz als das gewünschte Tier zurücklegen.

! Jedes Kind sollte einmal an der Reihe sein. Deshalb sollte je nach Gruppengröße genug Zeit eingeplant werden.

Wer fehlt?

Schwierigkeitsgrad: *einfach*
Dauer: *ab 5 Minuten*
Spielform: *Kreisspiel*
Ort: *Sitzkreis*
Material: *Decke*

Ablauf:
Alle Kinder sitzen im Kreis. Ein Kind verlässt den Raum und ein weiteres Kind wird unter einer Decke versteckt. Nun wird das herausgeschickte Kind wieder hereingerufen und muss erraten, welches Kind unter der Decke ist.
Soll es schwieriger werden und kennen sich die Kinder bereits besser, so tauschen alle Kinder im Kreis zusätzlich noch ihren Platz, bevor das herausgeschickte Kind wieder hereingerufen wird.

! Planen Sie genügend Zeit ein, wenn alle Kinder drankommen sollen.

Wem gehört was?

Schwierigkeitsgrad: *einfach*
Dauer: *15–20 Minuten*
Spielform: *Kreisspiel*
Ort: *Sitzkreis*
Material: *Beutel oder Decke*

Ablauf:

Alle Kinder bekommen die Anweisung, unauffällig einen Gegenstand von sich mit in die Kreismitte zu bringen (z. B. Karte, Schal, Spielzeug etc.) und heimlich in einen Beutel zu stecken (oder unter eine im Kreis ausgelegte Decke zu legen). Haben dies alle Kinder getan, verteilt die SL die Gegenstände offen in der Kreismitte. Die Kinder haben nun Zeit, sich alle Gegenstände anzugucken. Nun werden die Kinder gefragt, welcher Gegenstand zu welchem Kind gehört.

Dieses Spiel könnte auch als Wettbewerb gespielt werden. Dazu teilt man die Gruppe vorher in zwei Untergruppen und die Kinder müssen dann in ihrer Gruppe gemeinsam beraten, welcher Gegenstand welchem Kind aus der anderen Gruppe gehört.

Ich suche das Kind ...

Schwierigkeitsgrad: *einfach*
Dauer: *ab 5 Minuten*
Spielform: *Kreisspiel*
Ort: *Sitzkreis*
Material: –

Ablauf:
Diese Übung ist ein Ratespiel und soll die Kinder dazu befähigen, sich die anderen Kinder aus ihrer Gruppe genau einzuprägen.
Alle Kinder sitzen im Kreis. Die SL sucht sich ein Kind aus, welches sie nun im Folgenden möglichst geheimnisvoll beschreibt. Nach und nach werden immer mehr Details von dem Kind preisgegeben und die Kinder können sich melden, wenn sie meinen, das gesuchte Kind erraten zu haben. Die Sätze sollen möglichst immer nach demselben Muster wiederholt werden:

- *Ich suche das Kind, das ...* (z. B. eine blaue Hose trägt)
- *Ich suche das Kind, das ...* (z. B. braune Haare hat)
- *Ich suche das Kind, das ...* (z. B. ein rosa T-Shirt trägt) usw.

Sind die Kinder in dieser Übung geübter, können sie selbst Sätze formulieren.

Gruppen sortieren

Schwierigkeitsgrad: *mittel*
Dauer: *ab 10 Minuten*
Spielform: *Gruppenspiel*
Ort: *Gruppenraum*
Material: –

Ablauf:

Die Kinder müssen sich nach bestimmten Merkmalen sortieren, z. B. nach Größe, Alter, Anzahl der Geschwister, Farbe usw.
Es sollte bei dem Spiel darauf geachtet werden, dass nur Merkmale genannt werden, die auf mehrere Kinder zutreffen, und dass am Ende kein Kind allein dasteht.

! Sollten die Kinder die Anweisungen nicht selbstständig umsetzen können, legt die SL zur Hilfe passende Symbole zur Orientierung auf den Boden, z. B. Bildkarten mit einem großen Tier und einem kleinen Tier, die jeweils am Ende einer Reihe liegen, damit die Kinder sich von klein nach groß sortieren etc.

Wer bin ich?

Schwierigkeitsgrad: *einfach/mittel*
Dauer: *15–20 Minuten*
Spielform: *Einzelübung*
Ort: *Gruppenraum*
Material: *Blätter, Stifte, Musik*

Ablauf:

Jedes Kind erhält ein weißes Blatt und die Aufgabe, in die Mitte des Blattes seinen Namen zu schreiben. Um den Namen darf es anschließend Dinge malen, die charakteristisch für das Kind sind (z. B. Merkmale wie eine Brille oder das Lieblingsessen) oder die es gern mag/macht. Anschließend werden die Bilder einander vorgestellt.
Schöner wird das Malen, wenn währenddessen Musik läuft.

Hokedi Pokedi

Schwierigkeitsgrad: *mittel*
Dauer: *ab 5 Minuten*
Spielform: *Kreisspiel*
Ort: *Sitzkreis*
Material: –

Ablauf:

Alle Kinder sitzen im Kreis. Ein Kind verlässt den Raum, die SL sucht unter den übrigen Kindern ein Kind aus, welches *Hokedi Pokedi* ist.
Das Kind wird wieder hereingerufen und muss nun *Hokedi Pokedi* finden, indem es die anderen Kinder nacheinander fragt: *„Wie heißt du?"* Die Kinder antworten mit ihrem richtigen Namen. Kommt jedoch *Hokedi Pokedi* an die Reihe, muss es antwortet: *„Hokedi Pokedi"*. Schnell stehen nun alle Kinder auf und wechseln ihren Platz.
Das letzte Kind, das steht, ist dann das nächste Kind, das den Raum verlässt. Für den Fall, dass die Kinder extra stehen bleiben, um raten zu können, bestimmt die SL ggf. ein neues Kind, welches rausgehen darf. Ist das Kind vor der Tür, bestimmt der alte *Hokedi Pokedi* einen neuen *Hokedi Pokedi*.

Das Kissen-Kennenlern-Spiel

Schwierigkeitsgrad: *schwierig*
Dauer: *10 Minuten*
Spielform: *Kreisspiel*
Ort: *Steh- oder Sitzkreis*
Material: *2 verschiedenfarbige Kissen*

Ablauf:

Alle Kinder stehen oder sitzen im Kreis. Die SL beginnt und wirft das erste Kissen einem Kind zu und sagt dabei seinen Namen. Das Kind wirft nun das Kissen ebenfalls an ein beliebiges Kind weiter und sagt dabei seinen Namen usw.

Wenn alle einmal an der Reihe waren, wird das zweite Kissen in den Kreis gegeben. Hierbei wird das Lieblingsessen oder -tier genannt. Während das zweite Kissen im Kreis in einer neuen Reihenfolge weitergeworfen wird, läuft das erste Kissen in der ursprünglichen Reihenfolge weiter. Das Spiel kann beliebig beendet werden.

! Da man sich die Reihenfolge des Anspielens merken muss und die Kissen zeitgleich weitergegeben werden, erfordert das Spiel viel Konzentration. Sollte diese Version zu schwierig sein, so kann zunächst die Runde mit dem ersten Kissen beliebig oft wiederholt werden, bis sich die Kinder die Reihenfolge gut merken können. Erst dann wird ein zweites Kissen ins Spiel gebracht.

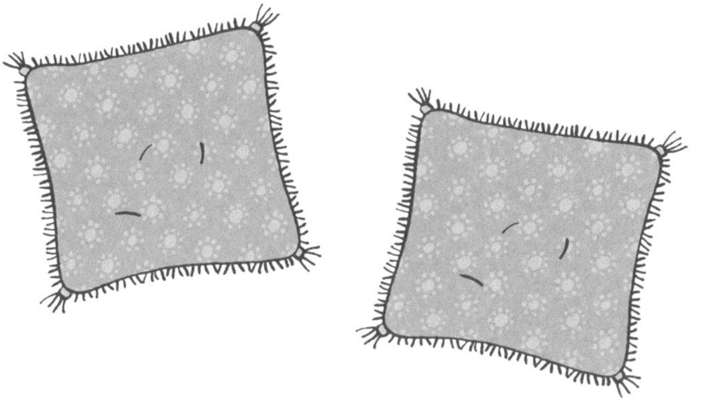

3. Wahrnehmungs-spiele

Wahrnehmung kann man als das Aufnehmen und Verarbeiten von Reizen über die verschiedenen Sinnessysteme definieren.

Ein gut funktionierendes Wahrnehmungssystem ist eine Voraussetzung für die Auseinandersetzung des Kindes mit seiner Umwelt und somit auch eine Voraussetzung für jegliche Form des Lernens – auch des sozialen Lernens[5]. Daher gilt, dass für gut ausgebildete soziale Kompetenzen ein gut ausgeprägtes Wahrnehmungssystem die Grundlage bildet.

[5] vgl. Zimmer 2014, S. 78–83

Durch die nachfolgenden Spiele kann trainiert werden, dass die Kinder genau hinhören, hinschauen und fühlen und sich Abläufe oder Dinge merken können.

Die Spiele fördern daher unterschiedliche Wahrnehmungsbereiche und sind in **Unterkategorien** aufgeteilt:

- ➜ Seite 25–32: **Spiele zur auditiven Wahrnehmung**
- ➜ Seite 33–38: **Spiele zur visuellen Wahrnehmung**
- ➜ Seite 39–42: **Spiele zur Merkfähigkeit**
- ➜ Seite 43–50: **Spiele zur Körperwahrnehmung** *(Diese Spiele sind mit Bewegung und tragen zur Abwechslung bei.)*

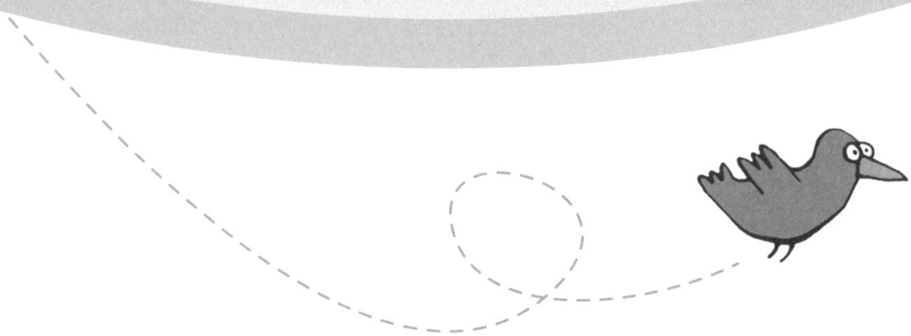

Spiele zur auditiven Wahrnehmung

Stille Post

Schwierigkeitsgrad: *einfach*
Dauer: *5–10 Minuten*
Spielform: *Kreisspiel*
Ort: *Sitz- oder Stehkreis*
Material: –

Ablauf:
Alle Kinder stehen oder sitzen im Kreis. Ein Kind wird bestimmt und darf sich einen Begriff ausdenken. Diesen muss es nun seinem Nachbarkind ganz leise ins Ohr flüstern. Dieser Vorgang wiederholt sich, bis alle Kinder einmal an der Reihe waren. Das letzte Kind spricht den Begriff laut aus. Meist hat sich der Begriff im Laufe der Runde mehrfach verändert.

Piep

Schwierigkeitsgrad: *einfach*
Dauer: *5–10 Minuten*
Spielform: *Kreisspiel*
Ort: *Sitzkreis*
Material: *Augenbinde oder Schal, Stuhl*

Ablauf:
Alle Kinder sitzen im Kreis. Ein Kind sitzt auf einem Stuhl in der Kreismitte. Vor ihm stellen sich (je nach Schwierigkeit) drei bis fünf Kinder auf. Dann werden dem Kind auf dem Stuhl die Augen verbunden. Nun sagt eines der stehenden Kinder mit seiner normalen Stimme *„Piep, piep"*. Das Kind mit den verbundenen Augen muss nun erraten, welches Kind das Geräusch gemacht hat.
Wenn dies für die Kinder noch zu schwer ist, können die Kinder einmal der Reihe nach *„Piep, piep"* vormachen, bevor es richtig losgeht.

Bello, Bello

Schwierigkeitsgrad: *einfach*
Dauer: *10 Minuten*
Spielform: *Kreisspiel*
Ort: *Sitzkreis*
Material: *Schlüsselbund*

Ablauf:

Alle Kinder sitzen im Kreis. Ein Kind (Bello) sitzt in der Mitte. Bello hält den Kopf Richtung Boden und hat die Augen geschlossen (er schläft). Sein Knochen (z. B. ein Schlüsselbund) liegt vor seinem Kopf oder auf seinem Rücken. Nun sucht die SL ein Kind aus, welches möglichst leise den Knochen stehlen muss. Bello hindert es nicht daran, versucht aber, zu hören, welches Kind den Knochen stiehlt. Wenn der Knochen gestohlen ist und das Kind wieder im Kreis sitzt, verstecken alle Kinder ihre Hände hinter dem Rücken und rufen: *„Bello, Bello, dein Knochen ist weg, wer hat ihn versteckt?“* Bello wacht auf und hat drei Chancen, um das Kind zu erraten (ggf. mehr Chancen, je größer die Gruppe ist).

Bello, Bello (Variante)

Schwierigkeitsgrad: *mittel*
Dauer: *10 Minuten*
Spielform: *Kreisspiel*
Ort: *Sitzkreis*
Material: *Schlüsselbund mit Faden, Decke*

Ablauf:

Gleicher Ablauf wie oben beschrieben, nur dass Bello unter einer Decke auf dem Boden liegt und das Schlüsselbund an einem Faden im Kreis von Kind zu Kind über den Boden gezogen wird. Die SL zeigt auf ein Kind, welches den Schlüssel aufnimmt und hinter seinem Rücken versteckt. Weiter geht es wie oben beschrieben. Hat Bello genau zugehört, wo das Geräusch verstummte?

Folge dem Geräusch

Schwierigkeitsgrad: *mittel*
Dauer: *20 Minuten*
Spielform: *Partnerübung, nacheinander*
Ort: *Gruppenraum*
Material: *2 Klanghölzer o. Ä.*

Ablauf:
Ein Kind bekommt die Augen verbunden und ein anderes Kind lotst es mit zwei Klanghölzern durch den Raum. Die übrigen Kinder helfen dabei mit, indem sie sich an Stellen positionieren, an denen das „blinde" Kind stolpern/ sich verletzen könnte. So sind alle aktiver beteiligt und die Wartezeit fällt ihnen leichter.

! Bei diesem Spiel ist viel Konzentration der Kinder gefordert, die warten müssen. Es empfiehlt sich, vorher eine kurze Strecke festzulegen.

Geräusche weitergeben

Schwierigkeitsgrad: *einfach/mittel*
Dauer: *5-10 Minuten*
Spielform: *Kreisspiel*
Ort: *Sitzkreis*
Material: –

Ablauf:
Alle Kinder sitzen mit geschlossenen Augen im Kreis. Die SL sucht sich ein Geräusch aus und macht es vor (z. B. *„Krawum"*, *„Pscht"* oder *„Woing"*). Die Kinder geben dieses Geräusch mit geschlossenen Augen der Reihe nach weiter, sobald es bei ihnen angekommen ist. Die Herausforderung dieses Spiels liegt also darin, zu warten, zu lauschen und den richtigen Moment für das Weitergeben des Geräusches wahrzunehmen.

Geräusche-Paar

Schwierigkeitsgrad: *mittel*
Dauer: *10 Minuten*
Spielform: *Kreisspiel*
Ort: *Sitzkreis*
Material: *16 schwarze Filmdöschen, gefüllt mit 8 verschiedenen Gegenständen, farbige Klebepunkte*

Ablauf:
Die SL bereit ein Spiel vor, das ähnlich wie das bekannte Memory-Spiel funktioniert: Dazu werden acht verschiedene Gegenstände paarweise in 16 Filmdöschen verteilt (z. B. Sand, Erbsen, Reis, Nägel, Papierschnipsel, Büroklammern, Murmeln, Zahnstocher). Auf die Unterseite können zum schnellen Überprüfen verschiedenfarbige Klebepunkte geklebt werden. Nun werden die Filmdöschen in der Kreismitte durcheinander aufgestellt. Nacheinander können die Kinder nun versuchen, nach den Regeln des bekannten Memory-Spiels, die passenden Paare zu „erhören".

Boom-Ball

Schwierigkeitsgrad: *mittel*
Dauer: *10 Minuten*
Spielform: *Kreisspiel*
Ort: *Stehkreis*
Material: –

Ablauf:
Alle Kinder stehen im Kreis. Sie sollen sich einen imaginären Ball vorstellen. Dieser wird mit einem Geräusch und einer bestimmten Bewegung weitergegeben (z. B. *„Boom"* oder *„Dong"* und der Ball wird mit einer ausladenden Armbewegung geworfen). Wer ihn fängt, muss ihn zunächst mit dem gleichen Geräusch und der gleichen Bewegung fangen und gibt ihn dann in ganz eigener Art und Weise weiter.

Variation: Die Kinder laden sich, während sie den Ball in der Hand haben, imaginär mit Energie auf. Dabei Tempo steigern und nicht nachdenken.

Hör genau zu!

Schwierigkeitsgrad: *mittel*
Dauer: *10 Minuten*
Spielform: *Gruppenspiel*
Ort: *Gruppenraum*
Material: –

Ablauf:
Alle Kinder gehen möglichst leise durch den Raum. Die SL flüstert den Namen eines Kindes und dieses muss augenblicklich versteinert stehen bleiben. Die anderen Kinder schleichen leise weiter. Nach einiger Zeit flüstert die SL einen neuen Namen. Nun muss dieses Kind versteinert stehen bleiben und das vorher versteinerte Kind schließt sich nun wieder den anderen Kindern beim Umhergehen an. Um es schwieriger zu machen, können auch die Namen mehrerer Kinder geflüstert werden.

! Für dieses Spiel sollten die Kinder darauf hingewiesen werden, dass sie wirklich leise durch den Raum gehen, da es sonst sein kann, dass sie das Flüstern nicht verstehen. Im Vorfeld könnte eine ruhige Minute durchgeführt werden und noch mal besprochen werden, was Flüstern bedeutet.

Laut-Leise-Grenze

Schwierigkeitsgrad: *mittel*
Dauer: *5–10 Minuten*
Spielform: *Gruppenspiel*
Ort: *Gruppenraum*
Material: *Musik*

Ablauf:
Die Kinder sitzen auf ihren Stühlen. Die SL macht zunächst leise Musik an, die nach und nach immer lauter wird. Mit den Kindern wurde vorher vereinbart, dass sie die Hand heben sollen, sobald sie die Musik als unangenehm empfinden. Wenn die Mehrzahl der Kinder die Musik als zu laut empfindet, wird sie leiser gedreht, bis sich alle wieder wohlfühlen. Anschließend kann darüber reflektiert werden, bei welcher Lautstärke es viele Meldungen gab oder wie unterschiedlich störende Lautstärke wahrgenommen wird.

Ja- und Nein-Circle

Schwierigkeitsgrad: *mittel*
Dauer: *5–10 Minuten*
Spielform: *Kreisspiel*
Ort: *Sitzkreis*
Material: –

Ablauf:
Alle Kinder sitzen im Kreis. Das erste Kind gibt nach links zum zweiten Kind ein charakteristisches *„Ja"* weiter. Das zweite Kind gibt es in gleicher Form an das erste Kind zurück. Nun gibt das zweite Kind ein in Tonfall und Lautstärke individuelles *„Ja"* nach links zum dritten Kind im Kreis weiter usw. Ist das *„Ja"* einmal durch den Kreis gegangen, wird das gleiche Prinzip mit einem *„Nein"* nach rechts weitergegeben.

Ja! Nein!

Schwierigkeitsgrad: *mittel*
Dauer: *5–10 Minuten*
Spielform: *Gruppenspiel*
Ort: *Turnhalle oder draußen*
Material: –

Ablauf:
Ein Kind stellt sich frontal vor die Gruppe, die ihm in einer Reihe gegenübersteht. Das Kind sagt insgesamt 3-mal *„Ja"* und/oder *„Nein"* in verschiedenen emotionalen Klangfärbungen (z. B. traurig, schüchtern oder selbstbewusst). Die Gruppe soll das Kind nun gemeinsam spiegeln und wiederholt das *„Ja"* oder *„Nein"* in denselben Klangfärbungen. Wenn das Kind nicht zufrieden ist, lässt es die Gruppe den Vorgang wiederholen.

! Bei dieser Übung wird die eigene „Komfortzone" verlassen. Daher sollten die Kinder selbst entscheiden, ob sie das Spiel mitspielen wollen. Wenn alle Kinder einmal vor der Gruppe stehen sollen, dauert das Spiel entsprechend lange.

Kleine Architekt*innen

Schwierigkeitsgrad: *schwierig*
Dauer: *10 Minuten*
Spielform: *Partnerübung, nacheinander*
Ort: *Sitzkreis*
Material: *Bauklötze in 2-facher Ausfertigung*

Ablauf:
Alle Kinder sitzen im Kreis. Zwei Kinder sitzen Rücken an Rücken in der Kreismitte. Sie erhalten die gleiche Anzahl an Bauklötzen. Ein Kind ist nun der*die Architekt*in und baut mit den Bauklötzen einen Turm o. Ä. Dabei benennt es laut und deutlich, was es tut und welchen Stein es nimmt. Das andere Kind versucht, gut zuzuhören und das identische Bauwerk nachzustellen.

Rhythmus klatschen

Schwierigkeitsgrad: *schwierig*
Dauer: *10 Minuten*
Spielform: *Kreisspiel*
Ort: *Sitzkreis*
Material: –

Ablauf:
Alle Kinder sitzen im Kreis. Die SL beginnt und klatscht in die Hände, dabei ruft sie: *„Eins!“* Dann wiederholt sie das Klatschen und ruft: *„Eins!“*, patscht auf die Knie und ruft: *„Zwei!“*
Nun werden die zwei Bewegungen wiederholt und eine neue, dritte Bewegung kommt bei *„Drei!“* hinzu (z. B. Schnipsen).
Sind die Kinder darin geübt, so kann jedes Kind der Reihe nach eine Bewegung hinzufügen.

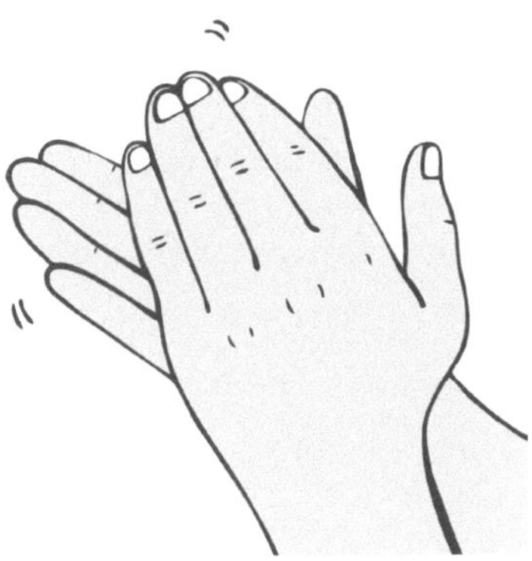

Klatsch-Parcours

Schwierigkeitsgrad: *schwierig*
Dauer: *10 Minuten*
Spielform: *Gruppenspiel*
Ort: *Gruppenraum*
Material: *Augenbinde*

Ablauf:

Die Kinder stehen verteilt im Raum. Ein Kind verlässt den Raum und ein anderes Kind sucht sich einen Weg zwischen den Kindern aus. Alle Kinder merken sich den Weg und müssen diesen dem Kind vorklatschen, das draußen wartet. Das Kind von draußen wird hereingeholt und bekommt eine Augenbinde aufgesetzt. Nun versucht es, den Weg anhand des Klatschens zu erhören.
Geht es falsch, hören die anderen Kinder auf, zu klatschen.

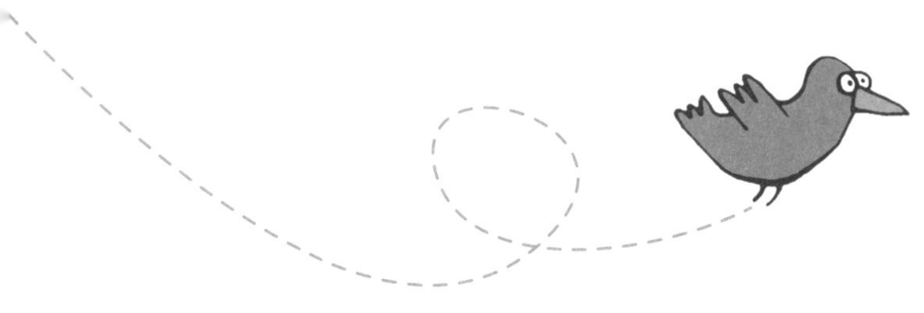

Spiele zur visuellen Wahrnehmung

Beschreib mir ...

Schwierigkeitsgrad: *einfach*
Dauer: *5–10 Minuten*
Spielform: *Kreisspiel*
Ort: *Sitzkreis*
Material: *Decke*

Ablauf:
Alle Kinder sitzen im Kreis. Ein Kind darf anfangen und in die Mitte kommen. Die Kinder im Sitzkreis müssen sich nun das Aussehen des Kindes in der Kreismitte gut einprägen. Dann wird das Kind unter einer Decke versteckt. Es darf erst wieder unter der Decke hervorkommen, wenn alle gemeinsam erraten haben, was das Kind trägt. Der Schwierigkeitsgrad kann variiert werden, indem die SL nach detaillierten Beschreibungen fragt. Eventuell kann sich die SL Notizen machen, während die Kinder das Aussehen beschreiben.

Küchenchef*in

Schwierigkeitsgrad: *einfach*
Dauer: *10 Minuten*
Spielform: *Kreisspiel*
Ort: *Sitzkreis*
Material: –

Ablauf:
Alle Kinder sitzen im Kreis. Verschiedene Kochbewegungen werden vorgestellt und pantomimisch eingeübt (Essen umrühren, Teig kneten, Käse übers Essen streuen, Pizza ausrollen, Getränk einschenken). Ein Kind wird hinausgeschickt und ein Kind im Kreis als Küchenchef*in bestimmt. Dieses macht pantomimisch die Kochbewegungen vor, die anderen Kinder beobachten unauffällig, was es macht, und machen dies nach. Sind die Bewegungen im Einklang, darf das Kind von draußen zurückkommen und es muss raten, wer der*die Küchenchef*in ist. Um es schwieriger zu machen, kann die SL das Raten auf drei Male begrenzen.

Pantomime

Schwierigkeitsgrad: *einfach/mittel*
Dauer: *10 Minuten*
Spielform: *Kreisspiel*
Ort: *Sitzkreis*
Material: –

Ablauf:

Alle Kinder sitzen im Kreis. Die SL erklärt den Kindern, was Pantomime ist. Dazu sucht sie sich eine Tätigkeit aus, die alle Kinder schon mal in ihrem Alltag erlebt haben, und macht diese gestisch vor. Die Kinder müssen nun erraten, was die SL macht. Anschließend darf je ein Kind sich auch trauen, etwas pantomimisch darzustellen.

! Bildkarten (von Tätigkeiten) können zur Unterstützung von sprachlich sehr schwachen Kindern dienen.

Vorhang auf

Schwierigkeitsgrad: *einfach*
Dauer: *ab 5 Minuten*
Spielform: *Gruppenspiel*
Ort: *Gruppenraum*
Material: *Decke*

Ablauf:

Eine Decke wird von zwei Kindern hochgehalten. Dahinter sitzen drei Kinder auf Stühlen oder auf einer Bank. Von ihnen schauen nur die Füße unter der Decke hervor. Ein Kind, welches vorher ausgewählt wurde und nicht mitbekommen hat, welche drei Kinder hinter dem Vorhang sind, muss nun erraten, welche Füße zu welchem Kind gehören. Das Spiel kann auch als „Hände-Raten“ gespielt werden.

Spieglein, Spieglein

Schwierigkeitsgrad: *mittel*
Dauer: *10 Minuten*
Spielform: *Partnerübung*
Ort: *Gruppenraum*
Material: –

Ablauf:

Dieses Spiel ist eine Partnerübung. Das eine Kind ist der Spiegel und muss die Bewegungen und die Mimik des Partnerkindes ganz genau imitieren. Damit dies gelingt, müssen die Bewegungen langsam sein und beide Kinder müssen Blickkontakt halten.

! Das Spiel sollte einmal vorgespielt werden. Entweder wird das Spiel nach und nach von allen 2er-Teams im Kreis gespielt, dann dauert es dementsprechend lange oder man spielt es einmal im Kreis vor und stellt danach die 2er-Teams im Raum auf und alle spielen gleichzeitig. Nach einer zuvor vereinbarten Zeit wird getauscht. Am Ende geben alle Paare Rückmeldung, wie es bei ihnen funktioniert hat.

Lirum, Larum, Löffelstiel

Schwierigkeitsgrad: *mittel*
Dauer: *10–15 Minuten*
Spielform: *Gruppenspiel*
Ort: *Gruppenraum*
Material: *Zauberstab, Musik*

Ablauf:

Die SL präsentiert einen Zauberstab und erklärt den Kindern, dass sie gleich zur Musik durch den Raum gehen müssen. Stoppt die Musik, bleiben alle erstarrt stehen. Die SL nimmt nun den Zauberstab und sagt: *„Lirum, Larum, Löffelstiel, die/der .... ist unser Ziel."* Nun zeigt sie auf ein Kind. Alle anderen Kinder müssen nun genau dieses Kind nachmachen. Das Kind, welches es besonders gut geschafft hat, darf der nächste Zauberer oder die nächste Zauberin sein.

Umwandlung

Schwierigkeitsgrad: *schwierig*
Dauer: *10 Minuten*
Spielform: *Partnerübung*
Ort: *Gruppenraum*
Material: –

Ablauf:

Die Kinder bilden Paare (Innen- und Außenkreis). Nachdem sich alle ihre Partnerkinder genau angesehen haben, drehen sie sich mit dem Rücken zum Partnerkind und verändern eine Kleinigkeit. Auf ein Signal hin drehen sie sich zurück und die Partnerkinder müssen genau hinsehen und erklären, was verändert wurde. Einfacher als der Kreis ist es, wenn die Kinder sich in zwei Reihen gegenüberstehen.

Umwandlung (Variante)

Schwierigkeitsgrad: *einfach*
Dauer: *10 Minten*
Spielform: *Kreisspiel*
Ort: *Sitzkreis*
Material: –

Ablauf:

Alle Kinder sitzen im Kreis. Ein Kind geht hinaus und ändert zwei bis drei Sachen an sich. Dann kommt es wieder herein und die anderen müssen erraten, was es an sich verändert hat.

Piratenschatz

Schwierigkeitsgrad: *mittel*
Dauer: *10 Minuten*
Spielform: *Einzelübung*
Ort: *Gruppenraum*
Material: *Tuch oder Decke*

Ablauf:
Die SL legt ein Tuch oder eine Decke in die Kreismitte und erzählt den Kindern, dass sie nun Piratenkinder sind und gleich auf die Suche nach einem Schatz gehen. Hierzu sollen sie einen Gegenstand im Gruppenraum suchen und dann in die Kreismitte auf das Tuch legen. Folgende Aufgaben kann die SL den Kindern geben:

* *„Suche einen Schatz, der gelb/blau/grün/rot ... ist."*
* *„Suche einen Schatz, der rund/rechteckig/dreieckig ... ist."*
* *„Suche einen möglichst kleinen/leichten Schatz."*

Ist die Übung für die Gruppe zu leicht, kann die Aufgabe auch mit Bewegungen kombiniert werden, z. B.: *„Suche einen gelben Schatz und bringe ihn rückwärts/auf einem Bein in den Kreis."*

Skulpturenbau (in Anlehnung an Augusto Boal)

Schwierigkeitsgrad: *mittel*
Dauer: *10 Minuten*
Spielform: *Partnerübung*
Ort: *Gruppenraum*
Material: –

Ablauf:
Die Kinder bilden 2er-Teams. Kind A formt aus Kind B eine Skulptur, ohne zu sprechen. Wenn Kind A zufrieden ist, nimmt es Abstand von seiner Skulptur und signalisiert, dass es fertig ist. Der*die Skulpturenbauer*in sagt einen Satz zu seiner*ihrer Skulptur.

! Das Spiel sollte einmal im Kreis vorgespielt werden, danach spielen die 2er-Teams parallel.

Was fehlt denn hier?

Schwierigkeitsgrad: *einfach*
Dauer: *10 Minten*
Spielform: *Kreisspiel*
Ort: *Sitzkreis*
Material: *5 bis 10 Gegenstände, Tuch*

Ablauf:

Die SL sucht aus dem Gruppenraum fünf bis zehn verschiedene Gegenstände zusammen, die den Kindern bekannt sind (z. B. Schere, Klebestift, Anspitzer, Bleistift, Pinsel, Radiergummi, Spielkarte, Murmel, Kreide, Ball o. Ä.). Zunächst sollte aber mit fünf Gegenständen begonnen werden. Die SL legt diese in die Kreismitte und lässt die Kinder sich die Gegenstände kurz einprägen. Dann legt sie ein Tuch über die ausgelegten Gegenstände und sagt einen beliebigen Zauberspruch auf. Ist dieser beendet, greift sie durch das Tuch einen Gegenstand und zieht das Tuch weg. Nun dürfen die Kinder erraten, welcher Gegenstand fehlt.
Je nachdem, wie weit die Kinder sind, kann dieses Spiel durch die folgenden Varianten schwieriger gemacht werden:

- Die Anzahl der Gegenstände wird erhöht.
- Es werden mehrere Gegenstände von der SL weggezaubert.
- Es wird ein Gegenstand heimlich hinzugefügt.

Versteckte Skulptur

Schwierigkeitsgrad: *schwierig*
Dauer: *10 Minuten/beliebig*
Spielform: *Gruppenspiel – nacheinander*
Ort: *Gruppenraum*
Material: *blickdichtes Tuch, 2 Stühle*

Ablauf:

Alle Kinder sitzen im Halbkreis oder an ihren Plätzen. Die SL sucht zwei Kinder aus, die mit dem Spiel beginnen. Das erste Kind nimmt eine beliebige Haltung auf einem Stuhl ein. Das andere Kind schaut sich diese genau an und imitiert sie (wenn vorhanden hinter einem blickdichten Tuch). Die anderen Kinder prüfen, ob die Haltung identisch ist.

Spiele zur Merkfähigkeit

Ich packe meinen Koffer

Schwierigkeitsgrad: *mittel*
Dauer: *ab 20 Minuten*
Spielform: *Kreisspiel*
Ort: *Sitzkreis*
Material: –

Ablauf:

Alle Kinder sitzen im Kreis. Die SL beginnt mit dem Satz: *„Ich packe in meinen Koffer ... eine Zahnbürste."* Das nächste Kind wiederholt den Satz und fügt etwas selbst Ausgesuchtes hinzu: *„Ich packe in meinen Koffer eine Zahnbürste und einen Badeanzug."*

Das darauffolgende Kind wiederholt erneut den kompletten Satz und ergänzt ihn: *„Ich packe in meinen Koffer eine Zahnbürste, einen Badeanzug und eine Tüte Gummibärchen."*

So geht das Spiel immer weiter. Jedes Kind wiederholt die Gegenstände aus dem Koffer und die anderen Kinder passen auf, ob es alles richtig macht.

! Sollte dieses Spiel für Kinder mit geringen Deutschkenntnissen zu schwierig sein, könnte die SL Bildkarten mit (thematisch passenden) Begriffen auslegen und diese vor dem Spiel wiederholen.

Das Geräusch nehm ich mit

Schwierigkeitsgrad: *schwierig*
Dauer: *ab 20 Minuten*
Spielform: *Kreisspiel*
Ort: *Stehkreis*
Material: –

Ablauf:

Dieses Spiel ist eine Variante von dem Spiel „Ich packe meinen Koffer". Allerdings werden hier nur Geräusche mit dem eigenen Körper gemacht. Das erste Kind macht ein Geräusch, z. B. *„miau", „blubb", „grrgh"*. Alle Kinder machen nun dieses Geräusch nach, danach macht das nachfolgende Kind ein neues Geräusch. Wieder machen nun alle die zwei Geräusche nach. Nun ist das dritte Kind an der Reihe etc. Alternativ kann dieses Spiel auch nur mit Bewegungen gemacht werden (z.B. Ball schießen, Herz mit Händen formen, zwinkern).

! Dieses Spiel lässt sich am besten spielen, wenn die Gruppe nicht zu groß ist und die Kinder nicht zu unruhig sind.

Fühl-Post

Schwierigkeitsgrad: *mittel*
Dauer: *ab 15 Minuten*
Spielform: *Gruppenspiel; 2 Gruppen*
Ort: *Gruppenraum*
Material: *3 verschiedene Gegenstände (in doppelter Ausführung)*

Ablauf:
In die Kreismitte werden verschiedene Gegenstände gelegt (z. B. Stift, Lineal, Radiergummi). In der Gruppe werden nun für die verschiedenen Gegenstände bestimmte Berührungen ausgemacht (z. B. Stift = mit der flachen Hand auf den oberen Rücken tippen, Lineal = die Schultern massieren, Radiergummi = den Oberarm antippen). Jetzt wird die Gruppe in zwei Untergruppen aufgeteilt.
Die jeweiligen Gruppen stellen sich in einer Reihe hintereinander auf. Jeweils vor dem ersten Kind in der Reihe befinden sich die Gegenstände auf dem Boden. Das letzte Kind in der Reihe sucht sich eine der vorher vereinbarten Berührungen aus und gibt diese an das vordere Kind weiter usw. Das erste Kind der Reihe muss zum Schluss den Gegenstand hochheben, der mit der Berührung gemeint war.

! Ein bisschen herausfordernder wird es, wenn sich die Gruppen eigene Berührungen für die Gegenstände aussuchen.

Menschen-Memo

Schwierigkeitsgrad: *schwierig*
Dauer: *ab 20 Minuten*
Spielform: *Gruppenspiel*
Ort: *Gruppenraum*
Material: –

Ablauf:
Dieses Spiel ist die lebendige Variante des bekannten Spiels Memory. Zwei Kinder (A und B) werden aus dem Raum geschickt. Sie sind gleich die Spielerkinder und spielen gegeneinander. Nun suchen sich die übrigen Kinder je ein Partnerkind und die beiden verabreden eine Geste, die sie machen, wenn sie aufgerufen werden.
Wichtig: Die Kinder müssen sich diese Geste merken können und sie muss gleich aussehen (evtl. zeigen die Kinder der SL und den anderen Kindern einmal ihre eingeübte Geste, damit es verbindlich wird und keine Geste doppelt vorhanden ist). Wenn alle Kinder etwas eingeübt haben, stellen sie sich in den Kreis (die jeweiligen Partner*innen natürlich nicht nebeneinander). Nun dürfen die beiden Spielerkinder wieder hereinkommen. Kind A fängt an und nennt zwei Namen. Die beiden genannten Kinder machen nun ihre Geste vor. Ist es ein Pärchen, so setzen sie sich hin, die SL notiert sich einen Punkt für Kind A und es darf noch mal raten. Ist es kein Pärchen, so ist Kind B an der Reihe.

Da dieses Spiel von den Kindern, die die Gesten machen, teilweise lange Wartezeiten erfordert, ist es nicht ratsam, dieses in unruhigen Klassen oder an unruhigen Tagen zu spielen.

Percussion-Runde

Schwierigkeitsgrad: *mittel*
Dauer: *10–15 Minuten*
Spielform: *Kreisspiel*

Ort: *Stehkreis*
Material: –

Ablauf:

Alle Kinder stehen im Kreis. Zunächst werden verschiedene Geräusche von der SL einmal vorgemacht. Es gibt das **Klatschen**, das **Patschen** (die Handflächen werden auf die Oberschenkel geschlagen), das **Stampfen** (erst das rechte, dann das linke Bein) und das **Schnipsen** (mit den Fingern in Brusthöhe schnipsen).
Nun beginnt die SL mit Klatschen und gibt dieses Geräusch an das linke Kind weiter. Während das Geräusch durch die Runde geht, machen alle weiter. Kommt das Geräusch bei der SL wieder an, so beginnt sie, zu patschen. Wichtig ist nun, dass das Geräusch nach links weitergeben wird, d.h. alle Kinder, die noch in die Hände klatschen, beginnen erst, zu patschen, wenn das rechte Nachbarkind das Geräusch macht und damit weitergibt. Dann geht es weiter mit dem Stampfen und dem Schnipsen. Zum Schluss kann ein „Sch“ (Finger als Stille-Signal vor den Mund legen) oder einfach ein „Nichts“ weitergeben werden. Nach und nach hören so alle Kinder auf, Geräusche zu machen.

Spiele zur Körperwahrnehmung

Kamelritt

Schwierigkeitsgrad: *einfach*
Dauer: *5–10 Minuten*
Spielform: *Kreisspiel*
Ort: *Stehkreis*
Material: *Vorlesetext (siehe Kasten unten)*

Ablauf:
Alle Kinder stehen im Kreis. Die SL liest den Text vor und die Kinder machen die vorher besprochenen Bewegungen dazu:

1/2

Auf geht es nach Ägypten.
Wir machen heute einen Kamelritt durch die Wüste vorbei an den Wandmalereien der Pharaonen, den Pyramiden und Tempeln und der Sphinx. Zuerst begrüßen wir die Kamele, damit sie uns kennenlernen. Wir halten unsere Hand hin, damit sie daran schnuppern können und Vertrauen aufbauen. Wir streicheln langsam über ihren Kopf und Hals.

➜ *die Handfläche nach oben einem imaginären Kamel hinhalten, dann mit der Hand den Kopf streicheln und eine langsame Abwärtsbewegung machen, als ob man den Hals herunter streichelt*

Das Kamel setzt sich hin und wir steigen auf seinen Rücken. Das Kamel geht zunächst mit den Hinterbeinen hoch und dann mit den Vorderbeinen, bis es steht.

➜ *zunächst mit dem rechten, dann mit dem linken Bein aufsteigen, ein wenig in der Hocke bleiben, dann nach vorne und nach hinten schaukeln*

Los geht es im Trampelschritt, vorbei an der großen Sphinx von Gizeh, die Sonne scheint und die Kamele haben Lust, zu traben.	➜ *auf der Stelle gehen, hochgucken und staunen, Hand vor die Augen halten oder Stirn wischen, schneller auf der Stelle laufen*
Weiter geht es in Richtung Pyramiden. Oh nein! Was kommt denn da? Eine Mumie! Die Kamele fangen an, zu galoppieren, und wir werden ordentlich durchgeschüttelt.	➜ *erschrecken, dann noch schneller auf der Stelle laufen und den ganzen Körper dabei durchschütteln*
Links vorbei an der großen Pyramide, rechts vorbei an der kleinen Pyramide und mit einem Satz über einen großen Graben.	➜ *Oberkörper nach links beugen, dann nach rechts und schließlich springen*
Die Kamele sind außer Puste und stoppen abrupt. Langsamen Schrittes geht es zum Nil. Doch was ist das?	➜ *stoppen, langsam auf der Stelle gehen*
Ein Krokodil! Schnell zurück mit einem Satz über den großen Graben, links vorbei an der kleinen Pyramide, rechts vorbei an der großen Pyramide, schnell an der Mumie vorbei und weiter zur großen Sphinx.	➜ *schnell laufen, springen, nach links beugen, nach rechts beugen, schnell laufen und kurz erschrecken, hochgucken und staunen*
Wir haben es geschafft! Die Kamele ruhen sich aus, wir steigen ab und bedanken uns für den Ritt.	➜ *mit einer Handbewegung Schweiß von der Stirn wischen, erst mit dem einen, dann mit dem anderen Bein absteigen, die Kamele noch mal streicheln*

Rattenfänger*in

Schwierigkeitsgrad: *mittel*
Dauer: *10–15 Minuten*
Spielform: *Gruppenspiel*
Ort: *großer Raum, Turnhalle oder draußen*
Material: –

Ablauf:
Zu Beginn des Spiels wird ein Zauberwort festgelegt. Alle Kinder bewegen sich durch den Raum. Ein Kind wird zum Rattenfänger oder zur Rattenfängerin. Jedes Kind, welches von dem*der Fänger*in berührt wird, ist gefangen. Wenn der Fänger oder die Fängerin das Kind an der Schulter berührt, muss das gefangene Kind die berührte Stelle mit der Hand berühren und dem fangenden Kind schweigend folgen. Wenn der*die Fänger*in das erlösende Zauberwort sagt, sind die gefangenen Kinder frei.

! Bei diesem Spiel bietet sich ein großer Raum an.

Spion*in

Schwierigkeitsgrad: *mittel*
Dauer: *5–10 Minuten*
Spielform: *Gruppenspiel*
Ort: *Gruppenraum*
Material: –

Ablauf:
Den Kindern wird erklärt, dass sie gleich durch den Raum gehen, sich dabei wie ein*e Spion*in ein beliebiges Kind aussuchen und dessen Gangart imitieren sollen. Auch wenn das Kind seine Gangart verändert, machen es alle nach.

! Bei diesem Spiel tritt ab einem gewissen Punkt ein Automatismus ein: Zum Schluss gehen alle in gleicher Weise durch den Raum.

Farbenkreis

Schwierigkeitsgrad: *mittel*
Dauer: *ab 10 Minuten*
Spielform: *Gruppenspiel*
Ort: *Gruppenraum*
Material: *Musik*

Ablauf:

Alle Kinder verteilen sich im Raum und bewegen sich zur Musik. Stoppt die Musik, so ruft die SL eine Farbe und die Kinder, die ein Kleidungsstück in der jeweiligen Farbe besitzen, müssen sich schnell zusammenfinden und einen Kreis bilden. Die Kinder, die die Farbe nicht in ihrer Kleidung haben, müssen sich auf den Boden in den Schneidersitz setzen.

! Schwieriger wird das Spiel noch, wenn die Kinder, statt nur einen Kreis zu bilden, sich an der Stelle der Kleidung berühren müssen, die die genannte Farbe aufweist.

Schlange mit verbundenen Augen

Schwierigkeitsgrad: *mittel*
Dauer: *ab 15 Minuten*
Spielform: *Gruppenspiel*
Ort: *Gruppenraum oder Turnhalle*
Material: *Augenbinden/Schals entsprechend der Anzahl der Kinder*

Ablauf:

Alle Kinder bilden eine Schlange. Die Hände liegen auf den Schultern des vorderen Kindes. Das erste Kind spielt die Augen der Schlange. Die restlichen Kinder haben mit Schals oder Augenbinden die Augen verbunden. Das erste Kind muss nun die gesamte Schlange einmal durch den Raum führen.
Sind viele Kinder dabei, so kann man mehrere Schlangen bilden und es zur Aufgabe machen, dass die Schlangen sicher durch den Raum gehen, ohne eine andere Schlange zu berühren und ohne, dass die Kinder gegen Tische oder Stühle laufen.

Rollentausch

Schwierigkeitsgrad: *mittel*
Dauer: *10–15 Minuten*
Spielform: *Gruppenspiel*
Ort: *Gruppenraum*
Material: *Musik*

Ablauf:

In dieser Übung schlüpfen die Kinder in unterschiedliche Rollen, damit ein Perspektivwechsel stattfinden kann. Zunächst gehen alle Kinder in ihrem eigenen Tempo durch den Raum. Dann sollen die Kinder sich vorstellen, wie sie sich fühlen würden, wenn sie …

- *viel größer wären,*
- *viel kleiner wären,*
- *leicht wären wie eine Feder,*
- *so schwer wären wie ein Elefant,*
- *schleichen könnten wie ein Fuchs,*
- *Tanzschuhe tragen würden, die nicht aufhören, zu tanzen,*
- *sich eine eigene Rolle aussuchen würden.*

Die SL liest die Sätze nacheinander vor. Es kann auch Musik laufen und immer, wenn die SL die Musik stoppt, gibt sie den Kindern einen Satz vor.

Künstler*innen

Schwierigkeitsgrad: *mittel*
Dauer: *10–15 Minuten*
Spielform: *Gruppenspiel*
Ort: *Gruppenraum*
Material: *Musik*

Ablauf:
Die Kinder stehen verteilt im Raum. Die Musik wird abgespielt und die Kinder tun so, als ob sie frei malen. In einem weiteren Schritt sollen die Kinder mit dem ganzen Körper zeichnen.

Ich bin ein Baum (nach Keith Johnstone)

Schwierigkeitsgrad: *schwierig*
Dauer: *15 Minuten*
Spielform: *Kreisspiel*
Ort: *Sitzkreis*
Material: –

Ablauf:
Alle Kinder sitzen im Kreis. Das Spiel wird mit drei Kindern gespielt.
Das erste Kind sagt: *„Ich bin ..."* (z. B. ein Baum) und stellt sich wie ein Baum in die Mitte.
Das zweite Kind erweitert die Szene und sagt: *„Ich bin ..."* (z.B. eine Bank unter dem Baum) und stellt eine Bank unter dem Baum dar.
Das dritte Kind vervollständigt die Szene und sagt: *„Ich bin ..."* (eine Person auf der Bank, die eine Zeitung liest) und setzt sich auf die Bank.
Das erste Kind nimmt eines der beiden anderen mit raus und das Kind, welches übrig bleibt, verharrt in seiner Position. Ein neuer Szenenaufbau beginnt.

Achtsamer Gang

Schwierigkeitsgrad: *mittel/schwierig*
Dauer: *ab 15 Minuten*
Spielform: *Gruppenspiel*
Ort: *Gruppenraum*
Material: –

Ablauf:
Alle Kinder gehen durch den Raum. Der Raum sollte dabei gut ausgefüllt sein. Die Kinder sollen auf Lücken achten und versuchen, diese zu schließen.
Übung 1: Alle Kinder sind versteinert, nur ein Kind darf laufen und bleibt irgendwann, wenn es will, stehen. Dafür geht dann ein anderes Kind los usw.
Übung 2: Es dürfen immer nur zwei Kinder gehen.

! Dies ist eine ruhige Übung, gut geeignet für gegenseitige Achtsamkeit und Konzentration.

Gestik-Kreis

Schwierigkeitsgrad: *mittel*
Dauer: *ab 5 Minuten*
Spielform: *Kreisspiel*
Ort: *Stehkreis*
Material: –

Ablauf:
Die Kinder stellen sich in einen Kreis und „vergrößern" von Kind zu Kind eine vorgegebene Geste. Das erste Kind im Kreis gibt die Geste vor und das letzte Kind im Kreis macht diese somit am größten nach. Das Kind, welches die Geste vorgegeben hat, macht diese noch mal im Ursprung und in der größten Variante vor. Dann gibt das nächste Kind eine neue Geste vor usw.
Dieses Spiel dient dazu, verschiedene Intensitäten von Gestiken wahrzunehmen - eine Grundvoraussetzung für das Erkennen unterschiedlich intensiver Emotionen.

Schnapp dir den Platz!

Schwierigkeitsgrad: *mittel*
Dauer: *10 Minuten*
Spielform: *Gruppenspiel*
Ort: *großer Raum, Turnhalle oder draußen*
Material: *Stühle oder Reifen entsprechend der Anzahl der Kinder*

Ablauf:

Stühle werden im Raum verteilt und jedes Kind setzt sich auf einen Stuhl. Ein Kind steht auf und geht weitestmöglich von seinem Stuhl weg. Nun soll das Kind wieder langsam auf seinen Stuhl zugehen und dabei versuchen, sich wieder hinzusetzen.
Währenddessen versuchen die anderen Kinder, das Erreichen des freien Stuhles zu verhindern, indem sie sich selbst auf den freien Stuhl setzen. Nun ist ein anderer Stuhl frei geworden, auf den sich das Kind nun versucht, zu setzen etc. Wenn das Kind den Platz erreicht hat, ist das nächste Kind an der Reihe (dessen Stuhl eingenommen wurde).
Wichtige Regel dabei: Einmal aufgestanden, darf man nicht mehr auf seinen alten Platz zurück!

4.
Gemeinschaft

Kinder verbringen einen Großteil ihrer Zeit in Kindergarten und Schule. Dementsprechend wichtig ist ein gutes Gruppen- bzw. Klassenklima. Ein gutes Klassenklima unterstützt die sozial-emotionale Entwicklung von Kindern[6] und schafft eine Umgebung, in der sich Kinder und Erwachsene wohl und sicher fühlen.
In diesem Kapitel sind daher kooperative Spiele sowie Spiele zum Aufbau eines Gemeinschaftsgefühls zu finden.

[6] vgl. Schneider/Popp 2020, S. 47 ff.

Kooperationsspiele (➔ S. 53–65) schaffen ein Wir-Gefühl, da die Gruppe bei diesen Spielen eine gemeinsame Aufgabe bekommt. Die Kinder müssen als Team fungieren und erfahren so, dass sie als Team stärker sind. Um den Effekt der Spiele zu verstärken, sollte nach den Spielen immer eine *Reflexionsrunde* stattfinden, in der besprochen wird, was gut funktioniert hat und was herausfordernd war.

Im darauf folgenden Abschnitt **Gemeinschaftsgefühl aufbauen** (➔ S. 66–76) regen weitere Spiele und Ideen die Ausbildung eines Zugehörigkeitsgefühls in der Klasse oder Gruppe an und binden Kinder mit ein, die keinen festen Platz in der Gruppe haben.

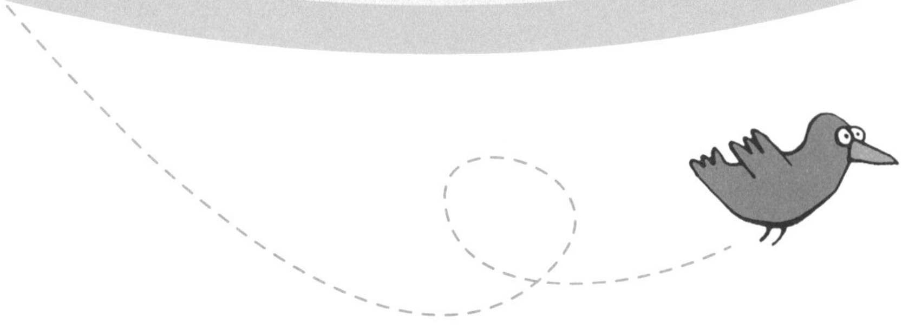

Kooperationsspiele

Stab weitergeben

Schwierigkeitsgrad: *einfach*
Dauer: *5–10 Minuten*
Spielform: *Kreisspiel*
Ort: *Sitzkreis*
Material: *Holzstab/Bleistifte o. Ä.*

Ablauf:
Alle Kinder sitzen im Kreis. Ein Bleistift oder Ähnliches wird von Kind zu Kind nur mithilfe der beiden Zeigefinger weitergegeben. Die Kinder müssen eine Runde schaffen, ohne dass der Stift herunterfällt. In einem weiteren Schritt geben jeweils zwei Kinder kooperativ den Stift an zwei andere Kinder weiter.

Münze weitergeben

Schwierigkeitsgrad: *einfach*
Dauer: *5–10 Minuten*
Spielform: *Kreisspiel*
Ort: *Sitz- oder Stehkreis*
Material: *1- oder 2-Euro-Münze*

Ablauf:
Eine Münze wird im Kreis von Handrücken zu Handrücken weitergegeben, ohne dass sie herunterfällt.
Fällt die Münze herunter, so wird von vorne begonnen. Falls dies zu häufig geschieht (gerade am Anfang), sollte einfach weitergespielt werden, damit die Wartezeit für die Kinder, die noch nicht an der Reihe waren, nicht zu lang und frustrierend wird. Dies sollte von der SL in der Situation abgewogen werden.

Ball mit den Füßen weitergeben

Schwierigkeitsgrad: *einfach*
Dauer: *5–10 Minuten*
Spielform: *Kreisspiel*
Ort: *Sitzkreis*
Material: *Schaumstoffball oder -würfel*

Ablauf:
Alle Kinder sitzen im Kreis und ein Schaumstoffball oder -würfel wird nur mit den Füßen einmal in der Runde weitergegeben, ohne dass er herunterfällt. Fällt er herunter, so wird von vorne begonnen. Falls dies zu häufig geschieht (gerade am Anfang), sollte einfach weiter gespielt werden, damit die Wartezeit für die Kinder, die noch nicht an der Reihe waren, nicht zu lang und frustrierend wird. Dies sollte von der SL in der Situation abgewogen werden.

Ball mit den Füßen weitergeben (Variante)

Schwierigkeitsgrad: *einfach*
Dauer: *5–10 Minuten*
Spielform: *Kreisspiel*
Ort: *Stehkreis*
Material: *Ball*

Ablauf:
Alle Kinder stehen im Kreis, jedoch nicht mit den Gesichtern zur Mitte, sondern in einer Reihe, also jedes Kind schaut den Hinterkopf des Kindes vor ihm an. Ein Ball wird nun über den Köpfen oder zwischen den Beinen weitergegeben. Um die Schwierigkeit zu erhöhen, können auch zwei Bälle gleichzeitig ins Spiel gegeben werden. Ein Ball wandert durch die Beine und der andere über die Köpfe der Kinder.

Die schrumpfende Insel

Schwierigkeitsgrad: *mittel/schwierig*
Dauer: *ab 20 Minuten*
Spielform: *Gruppenspiel*
Ort: *Gruppenraum*
Material: *Stühle entsprechend der Anzahl der Kinder, Musik*

Ablauf:
Die Stühle werden zu einem Kreis arrangiert. Alle Kinder sitzen zunächst auf ihrem Stuhl. Die SL macht die Musik an und alle Kinder laufen um die Stühle herum. Wenn die SL die Musik stoppt, müssen alle Kinder einen Platz auf den Stühlen finden und die Füße vom Boden nehmen. Dabei können auch mehrere Kinder auf einem Stuhl sein. In jeder Runde wird ein Stuhl entfernt. Die Kinder bilden bei dem Spiel ein Team und müssen sich gegenseitig helfen: Schafft es die Gruppe, möglichst wenige Stühle zu benutzen, ohne dass jemand rausfliegt?

! Es ist ebenfalls möglich, dieses Spiel mit Teppichfliesen zu spielen. Es sollte auch vorher genau besprochen werden, dass das Ziel ist, sich gegenseitig zu helfen. Es kann zunächst in kleineren Gruppen geübt werden, die dann immer größer werden.

Bis 20 zählen

Schwierigkeitsgrad: *schwierig*
Dauer: *5–10 Minuten*
Spielform: *Kreisspiel*
Ort: *Sitzkreis*
Material: –

Ablauf:
Die Kinder müssen abwechselnd bis 20 zählen, ohne dass mehrere Kinder gleichzeitig sprechen. Die Schwierigkeit dieses Spiels liegt darin, dass die Kinder ganz genau aufeinander achten müssen. Sagen zwei oder mehrere Kinder gleichzeitig eine Zahl, so geht es von vorne los.

Drache, Ritter, Magier

Schwierigkeitsgrad: *schwierig*
Dauer: *15 Minuten*
Spielform: *Gruppenspiel – 2 Gruppen*
Ort: *Turnhalle oder draußen*
Material: *Seil oder Kreide, Bildkarten (S. 114)*

Ablauf:

Die Klasse wird in zwei Gruppen eingeteilt. Es wird ein Spielfeld mit einer Mittellinie und zwei Außenlinien markiert. Die Spielregeln werden erläutert. Die Kinder stellen pantomimisch Figuren dar, z. B.:

* Der Magier schwingt seinen Zauberstab und ruft: *„Simsalabim!"*
* Der Ritter macht einen Ausfallschritt und zieht das Schwert.
* Der Drache zeigt die Drachentatzen und faucht dabei.

Folgende Regeln wie bei dem bekannten Spiel „Stein, Schere, Papier" gelten hier:

* Der Ritter besiegt den Drachen.
* Der Drache besiegt den Magier.
* Der Magier besiegt den Ritter.

Die Kinder stellen sich nun in ihre Gruppen an den jeweiligen Außenlinien auf und besprechen heimlich, welche Figur sie machen wollen. Sind sie sich einig, so treten sie vor an die Mittellinie und rufen gemeinsam: *„Drache, Ritter, Magier"* und müssen am Ende des Spruchs geschlossen als Gruppe ihre Figur darstellen.
Die Gruppe, die die schwächere Figur dargestellt hat, muss schnell zurück hinter die eigene Linie rennen und sich in Sicherheit bringen. Die andere Gruppe muss versuchen, möglichst viele wegrennende Kinder vor der Linie zu fangen. So vergrößern oder verkleinern sich die Gruppen. Die SL macht irgendwann einen Stopp und zählt, wie viele Kinder in den Gruppen sind. Die Gruppe mit den meisten Kindern hat gewonnen.

! Die Figuren müssen vor dem eigentlichen Spiel gut mit den Kindern eingeübt werden und die Bildkarten sollten für alle Kinder gut sichtbar platziert werden. Es wird viel Platz benötigt. Es ist möglich, dieses Spiel auch ohne das Wegrennen als einfaches Stein-Schere-Papier-Spiel zu spielen, dann wird auch nicht so viel Platz benötigt.

Turm bauen

Schwierigkeitsgrad: *mittel*
Dauer: *15 Minuten*
Spielform: *Gruppenspiel – mehrere Kleingruppen*
Ort: *Gruppenraum*
Material: *pro Kind 3 Bausteine*

Ablauf:
Die große Gruppe wird in mehrere Kleingruppen unterteilt. Alle Gruppen bekommen die gleiche Anzahl an Bausteinen und erhalten nun die Aufgabe, gemeinsam einen möglichst hohen Turm zu bauen. Anschließend werden alle Gruppenarbeiten begutachtet.

Für dieses Spiel können verschiedene **Varianten** genutzt werden: Die Kinder dürfen nur eine Hand benutzen, die andere muss auf dem Rücken bleiben oder die Kinder dürfen nicht miteinander reden, sondern nur gestikulieren.

Reifen-Runde

Schwierigkeitsgrad: *mittel*
Dauer: *10 Minuten*
Spielform: *Kreisspiel*
Ort: *Stehkreis*
Material: *1 bis 2 Gymnastikreifen*

Ablauf:
Alle Kinder stehen im Kreis und geben sich die Hände. Nun bringt die SL einen Reifen in den Kreis. Der Reifen muss einmal im Kreis umhergehen, ohne dass die Kinder die Hände loslassen, d. h., alle Kinder müssen durch den Reifen steigen und sich beim Reifenweitergeben kooperativ verhalten. Ist der Reifen wieder am Startpunkt angekommen, ist das Spiel entweder zu Ende oder es wird ein zweiter Reifen ins Spiel gebracht, der den ersten einholen muss. Einigen Kindern fällt es schwer, während des Spiels nicht die Hände loszulassen. Hier hilft es ggf., ihnen zu verbildlichen, dass die Hände „zusammengeklebt" sind.

Farben finden

Schwierigkeitsgrad: *mittel*
Dauer: *10 Minuten*
Spielform: *Gruppenspiel*

Ort: *Gruppenraum*
Material: *Musik, Beutel, Karten in 4 unterschiedlichen Farben*

Ablauf:
Verschiedenfarbige Karten werden in einen Beutel gelegt. Dieser wird nun herumgereicht und jedes Kind zieht sich eine Karte. Nun geht die Musik an, alle Kinder gehen im Raum umher und tauschen dabei zwischendurch immer wieder ihre Karten untereinander.
Stoppt die Musik, so zeigen alle Kinder ihre Karten hoch und müssen sich möglichst schnell mit allen Kindern ihrer Farbe in einem Kreis zusammenfinden.

! Dieses Spiel kann auch genutzt werden, um Gruppen einzuteilen.

Gemeinsam aufstehen

Schwierigkeitsgrad: *schwierig*
Dauer: *5 Minuten*
Spielform: *Partnerübung*

Ort: *Sitzkreis*
Material: –

Ablauf:
Die Kinder sitzen im Kreis. Jeweils zwei Kinder beginnen, setzen sich Rücken an Rücken auf den Boden in die Kreismitte. Sie verhaken ihre Arme ineinander und müssen es schaffen, gemeinsam aufzustehen. Die anderen Kinder beobachten und können Tipps geben. Besonders gute Lösungen (z. B. 1,2,3 abzählen und dann gleichzeitig aufstehen) können von der SL betont werden.
Am Ende sollte mit den Kindern gemeinsam reflektiert werden, wann es besonders gut funktioniert hat.

! Sollen alle Kinder an die Reihe kommen, dauert das Spiel entsprechend länger.

Rettende Insel

Schwierigkeitsgrad: *mittel*
Dauer: *20 Minuten*
Spielform: *Gruppenspiel*
Ort: *großer Raum, Turnhalle oder draußen*
Material: *Klebestreifen, Teppichfliesen (oder Zeitungen)*

Ablauf:
An einem Ende des Raumes wird mit Klebestreifen eine rettende Insel geklebt. Es werden drei Gruppen gebildet. Jede Gruppe erhält fünf Zeitungen oder Teppichfliesen. Sie starten auf der gegenüberliegenden Seite und erhalten die Aufgabe, dass alle zusammen auf die rettende Insel gelangen müssen, ohne dass ein Kind ins Wasser fällt.
Dieses Spiel sollte am besten in einer Turnhalle oder auf dem Schulhof gespielt werden.

Rettende Insel (Variante)

Schwierigkeitsgrad: *mittel*
Dauer: *15–20 Minuten*
Spielform: *Partnerübung*
Ort: *großer Raum, Turnhalle oder draußen*
Material: *Teppichfliesen (oder Zeitungen)*

Ablauf:
Immer zwei Kinder bilden ein Team. Sie erhalten zwei Teppichfliesen und müssen es gemeinsam schaffen, auf die gegenüberliegende Seite zu gelangen, ohne ins Wasser zu fallen.

Begegnung auf der Brücke

Schwierigkeitsgrad: *einfach*
Dauer: *5 Minuten*
Spielform: *Gruppenspiel – Kleingruppen, Partnerübung oder gesamte Gruppe*

Ort: *Turnhalle oder draußen*
Material: *Klebestreifen oder Kreide*

Ablauf:

Auf dem Boden wird entweder ein Kreidestreifen gemalt oder ein Klebestreifen angebracht. An jedes Ende stellt sich ein Kind. Nun balancieren die Kinder aufeinander zu und müssen es schaffen, sich auf der Brücke zu begegnen und die Seiten zu tauschen, ohne dass eines von beiden ins „Wasser" fällt. Das Spiel kann auch gruppenweise gespielt werden (z. B. drei Kinder stehen auf der einen und drei Kinder stehen auf der anderen Seite und müssen nun nacheinander losbalancieren, um auf der anderen Seite anzukommen.
Eine besondere Herausforderung ist es, wenn die komplette Klasse dieses Spiel spielt. Dazu sollte die Linie entsprechend lang sein. Vereinbart wird, dass zwei bis drei Kinder gleichzeitig oder kurz hintereinander die Seite wechseln dürfen (man muss also an mehreren Hindernissen auf der Brücke vorbei). Sobald das erste Kind auf der anderen Seite ankommt, darf sich ein weiteres Kind der jeweiligen Gruppe auf den Weg machen.

4er-Mandala

Schwierigkeitsgrad: *einfach*
Dauer: *ab 20 Minuten*
Spielform: *Gruppenübung – 4er-Teams*

Ort: *Gruppenraum*
Material: *Mandala, Stifte, Musik*

Ablauf:

Es werden 4er-Teams gebildet. Jedes Team bekommt für seinen Tisch ein Mandala und Stifte. Gemeinsam malen sie das Mandala aus. Dabei soll nicht gesprochen werden. Im Hintergrund läuft Musik. Am Ende wird darüber reflektiert, wie die Kinder sich dabei gefühlt haben.

Luftballon-Challenge

Schwierigkeitsgrad: *schwierig*
Dauer: *ab 10 Minuten*
Spielform: *Gruppenspiel – 3er- oder 4er-Teams*
Ort: *Turnhalle oder draußen*
Material: *Luftballons, Hindernis (Pylone, Stuhl, Startlinie aus Seil oder Kreide)*

Ablauf:

Für dieses Spiel wird die Klasse in 4er-Teams eingeteilt. 3er-Teams sind auch möglich. Es wird am besten draußen oder in der Turnhalle gespielt. Die SL muss eine Startlinie und ein Hindernis bereitstellen. Die entsprechende Anzahl Luftballons wird vorher aufgeblasen.
Nun stellen sich immer drei oder vier Kinder in eine Reihe und zwischen sie klemmt die SL Luftballons (diese sollten nicht bis zum Platzen aufgeblasen sein). Die Kinder sollen nun in der Gruppe um das Hindernis laufen, ohne dass die Luftballons herunterfallen. Sie dürfen dabei miteinander sprechen. Am Ende wird reflektiert, bei welcher Gruppe es warum besonders gut funktioniert hat.

Folgende weitere **Varianten** sind möglich:

- Es werden 2er-Teams gebildet. Jedes Team erhält einen Luftballon. Nun müssen die Kinder um das Hindernis zurück zum Start laufen und dabei den Luftballon abwechselnd hin und her patschen, ohne dass er herunterfällt.
- Eine noch leichtere Variante ist es, wenn die Klasse sich hintereinander aufstellt und den Luftballon einmal über den Köpfen bis zum Beginn der Schlange weiterreichen muss und auf dem Rückweg durch die Beine. Um es spannender zu machen, können auch mehrere Luftballons ins Spiel gebracht werden.

Teppich umdrehen

Schwierigkeitsgrad: *mittel*
Dauer: *5–10 Minuten*
Spielform: *Gruppenspiel – 4er-Teams*
Ort: *Gruppenraum oder Turnhalle*
Material: *Teppich oder Gartenplane*

Ablauf:
Vier Kinder stehen auf einem Teppich oder einer Gartenplane und bekommen die Aufgabe, diese/n zu drehen, ohne dass ein Kind den Teppich verlässt. Die anderen Kinder sitzen drumherum im Kreis und beobachten, wie und ob sich die Kinder gegenseitig helfen. Sollte die Gruppe es nicht aus eigener Kraft schaffen, so dürfen die umstehenden Kinder Tipps geben. Je nachdem, wie groß der Teppich ist, kann im Anschluss an die Kleingruppen versucht werden, das Spiel mit immer mehr Kindern zu spielen.

Kontaktmalen

Schwierigkeitsgrad: *mittel*
Dauer: *15 Minuten*
Spielform: *Partnerübung*
Ort: *Gruppenraum*
Material: *Stifte, Papier, Musik*

Ablauf:
Die Kinder bilden Paare und bekommen je einen Stift. Ohne miteinander zu sprechen, malen sie gemeinsam. Dabei läuft Musik.
Für diese Übung sind diese Varianten möglich:

- Die SL gibt den Kindern ein Motiv vor.
- Die Paare vereinbaren vor dem Malen ein Motiv.
- Das Ergebnis bleibt eine Überraschung.
- Es können während des Malens Partnerkindwechsel stattfinden (hier bitte vorher ein Signal ausmachen und klären, wie die Kinder rotieren).

Am Ende des Spiels wird darüber reflektiert, wer die Führung übernommen hat und ob das andere Kind damit einverstanden war.

Ich seh für dich

Schwierigkeitsgrad: *einfach*
Dauer: *5–10 Minuten*
Spielform: *Partnerübung*
Ort: *Gruppenraum*
Material: *evtl. Augenbinden*

Ablauf:
Es werden Paare gebildet. Kind A lässt sich von Kind B führen. Dabei hat Kind A die Augen geschlossen (später wird gewechselt).
Die Regeln bei dem Spiel sind folgende: Es darf während des Spiels nicht gesprochen werden und das Kind, welches die Augen geschlossen hat, wird nur anhand der Stimme oder durch Töne durch den Raum geführt.

Roboter und Mechaniker*in

Schwierigkeitsgrad: *mittel*
Dauer: *ab 10 Minuten*
Spielform: *Partnerübung*
Ort: *Gruppenraum*
Material: *Augenbinden/Schals*

Ablauf:
Dieses Spiel ist ein Teamspiel. Immer zwei Kinder finden sich zusammen. Das vordere Kind bekommt die Augen verbunden und spielt den Roboter. Das hintere Kind muss nun den Roboter durch eine zuvor festgelegte Strecke führen, indem es mit den Händen leichten Druck auf die Schultern ausübt. Rechts drücken bedeutet rechts abbiegen, links drücken bedeutet links abbiegen. Beide Hände ohne Druck bedeutet geradeaus.

Märchen darstellen

Schwierigkeitsgrad: *schwierig*
Dauer: *25 Minuten*
Spielform: *Gruppenspiel – 4er-Teams*
Ort: *Gruppenraum*
Material: –

Ablauf:

Die Kinder teilen sich in 4er-Teams auf. Jedes Team bekommt 10 Minuten Zeit, um sich ein bekanntes Märchen auszusuchen. Jedes Team spielt sein Märchen vor.

Variante: Andere Teams können erraten, um welches Märchen es sich handelt.

Für dieses Spiel müssen natürlich Märchen-Kenntnisse vorliegen. Eventuell können auch Bilder verschiedener Märchen vorbereitet werden, damit den Kindern die Auswahl leichter fällt.

Luftballon-Runde

Schwierigkeitsgrad: *mittel*
Dauer: *10 Minuten*
Spielform: *Kreisspiel – 2 Gruppen*
Ort: *Sitzkreis*
Material: *roter und blauer Luftballon*

Ablauf:

Alle Kinder sitzen im Kreis. Es werden zwei Gruppen gebildet. Die Kinder aus den jeweiligen Gruppen sitzen abwechselnd im Kreis. Ein Kind aus der Gruppe A bekommt einen roten Luftballon und das gegenübersitzende Kind aus der Gruppe B bekommt einen blauen Luftballon. Linksherum kann die Luftballon-jagd beginnen. Es darf nur der Luftballon aus der eigenen Mannschaft berührt werden. Die Gruppe, deren Luftballon den anderen eingeholt hat, hat gewonnen.

Der fliegende Teppich

Schwierigkeitsgrad: *einfach*
Dauer: *ab 10 Minuten*
Spielform: *Gruppenspiel – 5er-Teams*
Ort: *Turnhalle*
Material: *pro Team eine Decke oder eine Turnmatte*

Ablauf:
Dieses Spiel kann in Kleingruppen und am besten in der Turnhalle gespielt werden. Es wird eine Decke in die Mitte gelegt und die SL bestimmt ein Kind, welches sich auf die Decke legt. Nun heben vier Kinder die Decke hoch und tragen das Kind auf der Decke durch einen vorher vereinbarten Parcours. Dabei müssen die Kinder natürlich darauf achten, dass das Kind auf der Decke nirgendwo aneckt und auch wieder sanft abgesetzt wird. Im Anschluss wird gewechselt, sodass jedes Kind einmal getragen wird.

Standbilder

Schwierigkeitsgrad: *schwierig*
Dauer: *5 Minuten*
Spielform: *Gruppenspiel – 2er- oder 3er-Teams*
Ort: *Gruppenraum oder Turnhalle*
Material: *Musik*

Ablauf:
Die Kinder verteilen sich im Raum. Alle Kinder gehen durch den Raum bei laufender Musik. Wenn die Musik stoppt, nennt die SL einen Ort (z. B. Spielplatz, Supermarkt etc.) oder einen Begriff. Nun sollen die Kinder sich zu zweit oder zu dritt zusammenfinden und diesen Ort/Begriff nachstellen.

Welcome Diversity

Schwierigkeitsgrad: *einfach*
Dauer: *10 Minuten*
Spielform: *Kreisspiel*
Ort: *Sitzkreis*
Material: –

Ablauf:

Die Kinder sitzen im Kreis. Alle, die dem Satz zustimmen, kommen in die Mitte oder stehen auf:

- *Alle, die gern tanzen*
- *Alle, die gern Eis essen*
- *Alle, die gern Fahrrad fahren*
- *Alle, die schon mal jemandem geholfen haben*
- *Alle, die heute gute Laune haben*
- *Alle, die ein Geschwisterkind haben*
- *Alle, die schon mal traurig waren*

Die Vorschläge der Kinder können aufgegriffen werden, auch kann die SL sich Sätze ausdenken, die zur aktuellen Gruppenkonstellation passen.

Mögliche Reflexionsfragen:

- *Bei welcher Frage waren viele Kinder in der Mitte?*
- *Bei welcher Frage waren wenige Kinder in der Mitte?*
- *Was habt ihr Neues erfahren?*
- *Mit wem habt ihr etwas gemeinsam?*

Am Ende soll deutlich gemacht werden, dass alle einzigartig sind, die Gruppe aber dennoch durch viele Gemeinsamkeiten verbunden ist.

Distanz und Nähe

Schwierigkeitsgrad: *einfach*
Dauer: *5–10 Minuten*
Spielform: *Partnerübung*
Ort: *Gruppenraum oder Turnhalle*
Material: –

Ablauf:
Es werden Paare gebildet, Kind A läuft auf Kind B zu. Kind B sagt *Stopp*, wenn es denkt, dass Kind A nicht näher kommen soll. Kind A und Kind B tauschen die Rollen. Am besten ist es, wenn das Spiel eingangs einmal im Kreis vorgemacht wird. Danach verteilen sich die Paare im Raum.
Es sollten drei bis fünf Meter zwischen den Kindern als Distanz sein.
Auf ein Signal hin beginnt das Spiel.

Finde das Kind …

Schwierigkeitsgrad: *einfach/mittel*
Dauer: *ab 10 Minuten*
Spielform: *Kreisspiel*
Ort: *Sitzkreis*
Material: –

Ablauf:
Die SL überlegt sich vorher charakteristische Merkmale zu jedem Kind (Stärken, Talente, Eigenschaften) und sagt einen Satz wie: *„Finde das Kind, welches besonders gut malen/Fußball spielen/Kopfrechnen/anderen helfen kann."*
Die anderen Kinder erraten nun, um wen es sich handeln könnte.

! Voraussetzung für dieses Spiel ist, dass die Kinder sich gut kennen und jedes Kind eine bekannte Stärke hat.

Warme Dusche

Schwierigkeitsgrad: *einfach*
Dauer: *ab 5 Minuten*
Spielform: *Gruppenübung*
Ort: *Gruppenraum*
Material: *Bildkarte „Warme Dusche“ (S. 115)*

Ablauf:
Alle Kinder sitzen im Kreis. Ein Kind sitzt in der Mitte und darf drei Kinder aussuchen, die ihm in der Mitte etwas Nettes sagen. Vorher kann im Kreis anhand der Vorlage besprochen werden, welche Sätze man zu seinen Klassenkamerad*innen sagen kann. Dabei sollen die Kinder nicht Äußerlichkeiten, sondern Eigenschaften etc. benennen. Die warme Dusche sollte regelmäßig in den Schulalltag eingebunden werden. Nur so können sich Effekte zeigen.

Warme Dusche-Schlange

Schwierigkeitsgrad: *einfach*
Dauer: *ab 5 Minuten*
Spielform: *Gruppenübung*
Ort: *Gruppenraum*
Material: *Bildkarte „Warme Dusche“ (S. 115)*

Ablauf:
Alle sitzen im Kreis. Ein Kind fängt an und gibt seinem rechten/linken Nachbarkind eine warme Dusche. Während es spricht, versucht es, dem anderen Kind in die Augen zu schauen und legt seine Hand auf die Schulter des Kindes. Die Hand bleibt nun die ganze Zeit auf der Schulter. Nun ist das Nachbarkind dran. Es gibt wiederum seinem Nachbarkind eine warme Dusche und legt die Hand dabei auf die Schulter. So werden alle durch die warme Dusche miteinander verbunden.

! Diese Übung ist dann sinnvoll, wenn es Kinder in der Klasse gibt, die selten Lob von anderen bekommen, oder wenn es Kindern schwerfällt, andere Kinder als die eigenen Freundinnen und Freunde zu loben. Da es ihnen auch bei dieser Übung am Anfang nicht leichtfallen wird, sollte die Übung immer wieder wiederholt werden.

Gruppenpuzzle

Schwierigkeitsgrad: *einfach*
Dauer: *20–25 Minuten*
Spielform: *Gruppenübung*

Ort: *Gruppenraum*
Material: *Puzzlevorlage (S. 116) auf DIN A3 kopiert, Tonkarton (DIN A3), Schere, Stifte*

Ablauf:
Die SL zerteilt die vergrößerte Puzzlevorlage in einzelne Puzzlestücke und verteilt diese an die Kinder. Diese dürfen nun ihr ganz individuelles Puzzlestück designen. Sind alle fertig, so wird das gemeinsame Puzzle im Kreis zusammengelegt, anschließend auf ein großes Plakat geklebt und aufgehängt. Dieses Plakat steht dafür, dass die Klasse, trotz lauter unterschiedlicher Charaktere, ein Team ist.

Amazonas-Massage

Schwierigkeitsgrad: *einfach*
Dauer: *10 Minuten*
Spielform: *Kreisspiel*
Ort: *Stehkreis*
Material: –

Ablauf:

Dieses Spiel ist eine kurze Gruppenmassage zur Entspannung. Alle stehen im Kreis und wenden sich den Rücken zu. Die SL fängt an und erzählt:

Wir sind auf einer Flussfahrt im Amazonas-Dschungel. Dort begegnen wir vielen Tieren.	➜ *sanftes Streicheln mit der ganzen Handfläche über den Rücken*
Wir steigen in das Boot und werden kräftig durchgeschüttelt.	➜ *der komplette Körper wird einmal ausgeschüttelt*
Wir fahren los und sehen am Flussrand Brüllaffen durch die Bäume springen.	➜ *nun klopfen alle vorsichtig auf den Rücken des vorderen Kindes*
Die Fahrt geht weiter und wir begegnen einer Riesen-Anakonda.	➜ *mit zwei Fingern jeder Hand in Schlangenlinien von oben nach unten über den Rücken fahren*
Schaut da: Krokodile liegen faul in der Sonne.	➜ *kurzes und leichtes Zwicken mit zwei oder drei Fingern*
Sieh da! Ein schwarzer Panther schleicht durch den Dschungel.	➜ *mit den Fingernägeln leicht über den Rücken kratzen*
Plötzlich fängt es an, stark zu regnen.	➜ *mit den Fingerkuppen über den ganzen Rücken tippen ...*
Am Ende unserer Bootsfahrt sehen wir noch ein Faultier im Baum ...	➜ *einmal tief ein- und ausatmen, danach Arme und Schultern entspannt hängen lassen*

Der Fantasie sind keine Grenzen gesetzt. Gern können auch die Kinder eigene Tiere und Massagevorschläge machen. Soll die Massage länger dauern, kann man das Ganze auch einfach noch mal von hinten nach vorn durchspielen (Bootsfahrt zurück).

Vogelbilder

Schwierigkeitsgrad: *mittel*
Dauer: *15 Minuten*
Spielform: *Sitzkreis – Einzelübung*
Ort: *Gruppenraum*
Material: *Kopiervorlagen Vogelbilder (S. 117/118)*

Ablauf:
Alle Kinder sitzen im Kreis. Die SL stellt den Kindern die verschiedenen Vogelbilder vor. Es gibt fünf Varianten (Gruppenkonstellationen). Jedes Kind wählt für sich eine Variante und kreist den Vogel ein, der die eigene Position in der Gruppe widerspiegelt. Alle Kinder, die ihr Bild vorstellen möchten, können dies gern im Kreis tun; es sollte jedoch freiwillig bleiben.
Diese Methode eignet sich auch, um sie in regelmäßigen Abständen zu wiederholen (drei Monate oder halbjährlich): So kann die SL über einen gewissen Zeitraum verfolgen, ob sich die Eigenwahrnehmung der Kinder innerhalb der Gruppe ändert.

Ich mag das und du?

Schwierigkeitsgrad: *mittel*
Dauer: *15 Minuten*
Spielform: *Gruppenspiel – 4er-Teams*
Ort: *Gruppenraum*
Material: *pro Gruppe 1 Blatt und 1 Bleistift*

Ablauf:
Die Kinder werden in Kleingruppen eingeteilt. Sie erhalten nun ein großes, weißes Blatt und die Aufgabe, sich in der Kleingruppe zurückzuziehen und zu überlegen, welche drei Dinge alle Kinder aus der Gruppe mögen. Die Ergebnisse werden aufgemalt und anschließend das Bild jedes Teams im Kreis vorgestellt.

Wer-wir-sind-Bingo

Schwierigkeitsgrad: *mittel*
Dauer: *ab 20 Minuten*
Spielform: *Gruppenübung*
Ort: *Gruppenraum*
Material: *Kopiervorlage Wer-wir-sind-Bingo (S. 119), pro Kind ein roter und grüner Buntstift*

Ablauf:

Die Kinder sitzen an ihren Tischen. Die kopierte Bingo-Vorlage wird an die Kinder ausgeteilt. Die Kinder brauchen außerdem einen roten und einen grünen Stift. Rot steht für „Nein", Grün steht für „Ja".
Nun liest die SL nacheinander die Aussagen vor und die Kinder malen die Felder entsprechend an. Wer hat zuerst eine Reihe vollständig mit Grün angemalt? Abschließend wird darüber reflektiert.
Alternativ kann man die Übung auch ohne Gewinner*innen durchführen. In diesem Fall werden einfach alle Felder ausgemalt und am Ende im Kreis miteinander verglichen. Wo gibt es Unterschiede? Wo gibt es Gemeinsamkeiten?

Was ist gleich an dir und mir?

Schwierigkeitsgrad: *mittel*
Dauer: *5–10 Minuten*
Spielform: *Gruppenspiel*
Ort: *Gruppenraum*
Material: –

Ablauf:

Die Kinder gehen durch den Raum und bleiben stehen, wenn geklatscht wird. Sie schauen, welches Kind in der Nähe ist, bilden Paare und benennen, was an ihnen gleich ist.

Unser Klassen-Bild

Schwierigkeitsgrad: *mittel*
Dauer: *ab 30 Minuten*
Spielform: *Gruppenübung*

Ort: *Gruppenraum*
Material: *Plakat (DIN A2), Klassenfoto, Beutel, Namensschilder aller Kinder*

Ablauf:

Ein großes Herz wird auf ein großes Plakat gemalt. In die Mitte kann ein Klassenfoto geklebt werden. Nun zieht die SL nacheinander aus einem Beutel vorher vorbereitete Namensschilder der Kinder. Die Kinder sollen sich nun zu jedem Kind, das genannt wird, nacheinander einen Satz überlegen, welches das Kind auszeichnet, z. B. *„Mira hat gute Ideen."* oder *„Murad kann gut rennen."*
Diese Sätze sollen mit Fähigkeiten und nicht mit Äußerlichkeiten zu tun haben. Die Sätze werden von der SL in das Herz geschrieben, so entsteht nach und nach ein Kompetenz-Herz, welches in den Klassen aufgehängt werden kann.

Namens-Wirrwarr

Schwierigkeitsgrad: *mittel/schwierig*
Dauer: *ab 15 Minuten*
Spielform: *Gruppenübung*
Ort: *Gruppenraum*
Material: *Plakat (DIN A3), Stifte*

Ablauf:

Die SL besorgt ein großes, weißes oder helles Plakat. In die Mitte schreibt sie nun den eigenen Vornamen in Druckschrift. Nun schreiben alle Kinder nach und nach ihren eigenen Namen an Stellen, wo ein Buchstabe ihres eigenen Namens vorkommt.
Das Plakat kann anschließend aufgehängt werden.

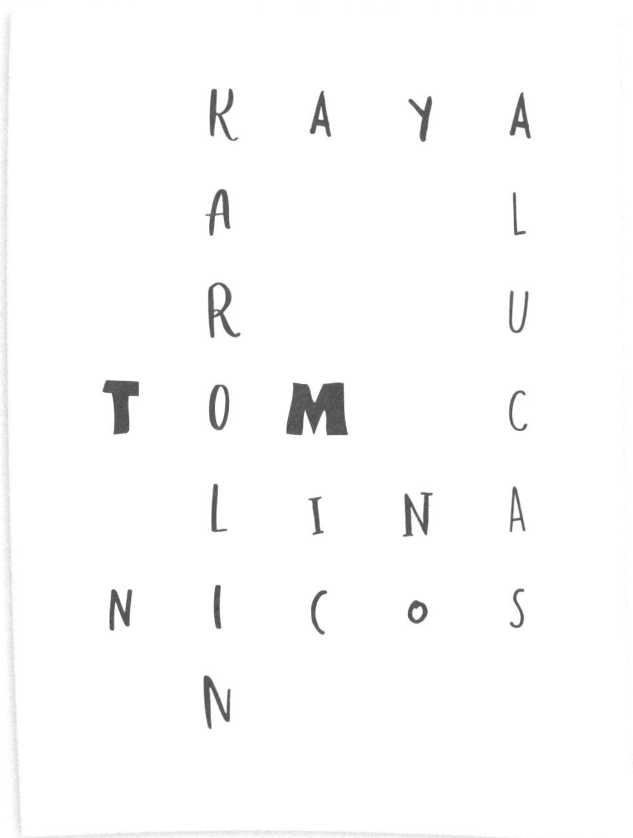

Der menschliche rote Faden

Schwierigkeitsgrad: *mittel/schwierig*
Dauer: *ab 15 Minuten*
Spielform: *Gruppenspiel*
Ort: *Gruppenraum*
Material: *Zettel, Beutel*

Ablauf:
Die Namen aller Kinder werden auf kleine Zettel geschrieben und in einen Beutel geworfen. Nacheinander zieht jedes Kind nun einen Zettel. Ist es sein eigener Name, wird der Zettel wieder in den Beutel geworfen. Ist das Kind nicht da, so wird der Zettel an die SL gegeben und es zieht erneut.
Haben alle Kinder einen Zettel erhalten, so darf ein Kind anfangen, sich in die Mitte stellen und den Namen des Kindes auf seinem Zettel nennen. Das genannte Kind steht auf und hakt sich ein.
Das Spiel geht so weiter, bis alle Kinder in einer Kette miteinander verbunden sind. Das Spiel wird ohne zu Reden und ohne abfällige Gesten etc. über ein Kind, mit dem man sich zusammenfinden muss, gespielt. Das Spiel kann öfter gespielt werden, auch auf Zeit.

! Das Spiel eignet sich insbesondere in Klassen, wo Kinder Schwierigkeiten haben, andere Kind anzufassen. Durch den spielerischen Charakter werden diese nach und nach abgebaut.

Gruppen-Logbuch

Schwierigkeitsgrad: –
Dauer: *individuell*
Spielform: –
Ort: –
Material: *Buch mit Blanko-Seiten*

Ablauf:

Ein Buch mit Blanko-Seiten wird von der SL als gemeinsames Logbuch eingeführt und schön dekoriert. Jedes Wochenende darf nun ein Kind dieses Buch mit nach Hause nehmen und gemeinsam mit den Eltern etwas hineinmalen, z. B. was die Familie am Wochenende gemacht hat. Am Montag wird das Buch wieder mitgebracht und im Morgenkreis den anderen Kindern vorgestellt. Um das Anliegen zu verdeutlichen, kann die SL den Anfang machen und zu ihrem Wochenende malen.
Die Eltern sollten angesprochen und darüber unterrichtet werden, dass sie die Aufgabe gemeinsam mit ihren Kindern ausführen sollen.

Tagesmantra

Schwierigkeitsgrad: *leicht*
Dauer: *individuell*
Spielform: *Gruppenübung*
Ort: *Gruppenraum*
Material: *evtl. Plakat*

Ablauf:

Diese Anregung kann helfen, ein gutes Klassenklima aufzubauen. Gemeinsam wird mit den Kindern besprochen, was ein Mantra ist. Danach überlegen alle gemeinsam, welches ein schönes Tagesmotto sein könnte, z. B. *„Wir helfen uns heute alle.“*; *„Wir räumen heute auf.“*; *„Wir kümmern uns um traurige Kinder.“*; *„Wir teilen heute.“*; *„Wir sind respektvoll.“*...
Das ausgesuchte Mantra wird schön an die Tafel oder auf ein vorher vorbereitetes Plakat geschrieben. Die Kinder werden im Laufe des Tages immer mal wieder an das Mantra erinnert und am Ende des Tages wird gemeinsam reflektiert, ob das Einhalten funktioniert hat oder ob es schwierig war.

5. Achtsamer Umgang mit Gefühlen

Das Thema Emotionen und achtsamer Umgang mit Gefühlen ist sehr wichtig für die sozial-emotionale Entwicklung der Kinder und für den Aufbau eines guten Klassenklimas.
Emotional kompetente Kinder können ihre Gefühle erkennen, ausdrücken und regulieren. Eng damit einher geht die Wahrnehmung und Achtsamkeit gegenüber Bedürfnissen und Befindlichkeiten im Zusammensein mit anderen Menschen. Die frühe Förderung sozial-emotionaler Kompetenzen hat somit sowohl auf individueller Ebene (Schulerfolg) als auch auf gesamtgesellschaftlicher Ebene eine hohe Bedeutung.[7]

[7] vgl. Pfeffer 2012, S. 10 ff.

Das **Kapitel** baut sich wie folgt auf:

Zunächst sind Spiele zum **Kennenlernen der Gefühle** aufgelistet (➜ S. 80–87). Danach werden Einheiten zum Besprechen der Grund-Emotionen **Freude** (➜ S. 88–92), **Traurigkeit** (➜ S. 93–96), **Angst** (➜ S. 97–100) und **Wut** (➜ S. 101–108) vorgestellt. Bei diesen vier Emotionen nimmt das *Reflektieren* mit den Kindern einen großen Stellenwert ein. Es ist wichtig, Kindern gegenüber alle Gefühle zu verbalisieren. Nur so lernen sie die Verbindung von Sprache und Gefühl kennen und sind in der Lage, sich angemessen auszudrücken. Differenzierte Gespräche über Gefühle sind daher sehr entwicklungsfördernd[8].

Zu Beginn jeder Einheit sind *Reflexionsfragen* aufgelistet, die mit den Kindern im Kreis besprochen werden können. Hierbei ist zu beachten, dass kein Kind gezwungen werden sollte, etwas zu sagen. Die SL kann in diesem Fall den Anfang machen und von ihrem persönlichen Umgang mit den verschiedenen Gefühlen berichten, um den Kindern Mut zu machen. Für einige Kinder ist es leichter, über Ereignisse anderer Personen zu berichten.
Zuhören ist für Kinder ebenso wichtig wie Erzählen. Beim Erzählen werden uns viele wichtige Informationen über das Befinden und Erleben der Kinder geliefert[9]. Unserer Erfahrung nach ist es sehr spannend, was die Kinder zu berichten haben und wie sie mit Gefühlen umgehen.

Auf die Reflexionsfragen folgen *Spiele* oder *Bastelanregungen*, um das jeweilige Thema tiefer zu besprechen. Für einige Spiele werden Bilder von unterschiedlichen Gefühlen benötigt, die entweder von der Klasse selbst erstellt werden können (Standbilder und Fotos zu

[8] vgl. Pfeffer 2012, S. 18
[9] vgl. Pfeffer 2012, S. 18

den Gefühlen *Freude, Traurigkeit, Angst, Wut*) oder dem Anhang (S. 120 ff) zu entnehmen sind.

In unserer Arbeit hat sich der Einsatz einer sogenannten **Gefühle-Box** bewährt. Hierdurch sollen die Kinder befähigt werden, selbstwirksam mit Emotionen umzugehen.
Dies reicht von Wahrnehmung und Sensibilisierung über Verbalisierung bis hin zum Finden von Lösungsmöglichkeiten.

© Stefanie Brodhage

Die Spiele und Anregungen in diesem Kapitel sind so aufgebaut, dass nach und nach eine Box entstehen und gefüllt werden kann.

In dieser werden *mögliche Strategien* im Umgang mit Angst, Traurigkeit und Wut auf Kärtchen abgebildet und gelagert.
Die Kärtchen entstehen gemeinsam mit den Kindern und sollten deren *Lösungsvorschläge* enthalten. Bei der Gestaltung der Kärtchen und der Box sind der Kreativität keine Grenzen gesetzt.
Die Box sollte einen besonderen Platz im Gruppenraum erhalten. Hier können sich Kinder zurückziehen, die eine Auszeit brauchen und sich nach Bedarf eine Lösungsstrategie herausnehmen.

Die Gefühle-Box muss natürlich nicht nur aus Kärtchen bestehen – sie kann nach und nach mit Gegenständen gefüllt werden, die einen Bezug zu den Lösungsstrategien haben, also z. B. Knete zum Beruhigen, ein Kuscheltier gegen Sorgen, ein Trostpflaster, duftende Handcreme etc.

Gefühle kennenlernen

Gefühle zuordnen

Schwierigkeitsgrad: *einfach*
Dauer: *ab 15 Minuten*
Spielform: *Kreisspiel*
Ort: *Sitzkreis*
Material: *Musik, Bildkarten „Gefühle“ (S. 120/121), Fotokarten „Gefühle“ (S. 122–125), Tonkarton*

Ablauf:

Alle Kinder sitzen im Kreis. Die Bildkarten der Gefühle werden in die Mitte gelegt und die Kinder werden gefragt, welche Gefühle sie erkennen können. Sind alle Gefühle benannt, so werden die Fotokarten zu den Gefühlen ebenfalls in die Mitte gelegt. Nun sollen die Kinder die Fotos den Bildkarten zuordnen. Um es visuell besser aufzubereiten, kann farbiger Tonkarton unter die Bildkarten gelegt werden.

! Es geht hier darum, die Grundgefühle einzuführen und zu überprüfen, ob die Kinder die Gefühle kennen und sie benennen können. Sollte diese Übung zu einfach sein, kann direkt mit den unten stehenden Übungen begonnen werden.

Gefühle-Statuen

Schwierigkeitsgrad: *einfach*
Dauer: *5–10 Minuten*
Spielform: *Gruppenspiel*
Ort: *Gruppenraum*
Material: *Musik*

Ablauf:

Die Kinder laufen zur Musik im Raum herum. Geht die Musik aus und ruft die SL den Kindern ein Gefühl zu, müssen die Kinder augenblicklich zu Statuen erstarren, die das genannte Gefühl abbilden. Setzt die Musik wieder ein, so laufen die Kinder weiter usw.

Schulhof der Gefühle

Schwierigkeitsgrad: *einfach*
Dauer: *ab 10 Minuten*
Spielform: *Gruppenspiel*
Ort: *Gruppenraum*
Material: *Musik*

Ablauf:
Für dieses Spiel gehen alle durch den Gruppenraum und tun so, als ob sie über den Schulhof schlendern. Dazu läuft Musik. Stoppt die Musik, so ruft die SL verschiedene Sätze, die die Kinder nachmachen müssen, z. B.:

- *„Zuerst läufst du so über den Schulhof, wie du Lust hast."*
- *„Jetzt bist du ein glückliches Kind, das über den Schulhof hüpft und läuft und gar nicht weiß, wohin mit seiner Freude."*
- *„Nun bist du traurig: Kopf und Schultern hängen herunter, du gehst über den Schulhof und blickst auf den Boden."*
- *„Nun bist du superlässig und fühlst dich groß und stark, als ob dir die ganze Welt gehört."*
- *„Jetzt bist du eine ängstliche Person, die niemanden treffen will und die unauffällig über den Schulhof huscht."*
- *„Jetzt bist du ein wütender, alter Mann, der finster über den Schulhof läuft und niemanden mag."*
- *„Jetzt triffst du einen guten Freund oder eine gute Freundin und ihr begrüßt euch herzlich. Danach geht ihr ganz fröhlich zu eurem Platz in der Klasse."*

! Die einzelnen Aufgaben/Emotionen können vorher im Kreis von freiwilligen Kindern einmal vorgemacht werden.

Gefühle im Beutel

Schwierigkeitsgrad: *einfach/mittel*
Dauer: *ab 10 Minuten*
Spielform: *Kreisspiel*

Ort: *Sitzkreis*
Material: *Bildkarten „Gefühle" (S. 120/121), Fotokarten „Gefühle" (S. 122–125), Beutel, Musik*

Ablauf:

Alle Kinder sitzen im Kreis. Die vier Fotokarten werden in der Kreismitte ausgelegt. Die Bildkarten befinden sich in einem Beutel. Dieser wird im Kreis herumgegeben, während Musik läuft. Sobald die Musik stoppt, nimmt ein Kind sich eine Bildkarte heraus, überlegt, wie sich die Person auf dem Bild fühlt, und ordnet es den Fotokarten in der Kreismitte zu.

Stimmungen

Schwierigkeitsgrad: *einfach/mittel*
Dauer: *5 Minuten*
Spielform: *Gruppenspiel*

Ort: *Gruppenraum*
Material: –

Ablauf:

Die Kinder verteilen sich im Raum. Die SL sagt z. B.:
„Seid ein wenig/ein bisschen mehr/sehr nervös ..." und benennt weitere Gefühle wie wütend, verliebt, traurig, ängstlich, fröhlich ...
Die Kinder gehen entsprechend den Gefühls-Anweisungen durch den Raum. Der Wechsel der Gefühle kann auch durch ein akustisches Signal unterstützt werden.

! Hier bietet es sich an, vorab mit den Kindern die Steigerungen „ein wenig", „ein bisschen mehr" und „sehr" einzuüben.

Gefühle-Quiz

Schwierigkeitsgrad: *einfach*
Dauer: *ab 5 Minuten*
Spielform: *Kreisspiel*
Ort: *Sitzkreis*
Material: *Bildkarten „Gefühle" (S. 120/121) oder Fotokarten „Gefühle" (S. 122–125)*

Ablauf:
Alle Kinder sitzen im Kreis. Die SL nimmt ein Kind zur Seite und zeigt ihm heimlich ein Gefühle-Bild. Das Kind darf nicht sprechen, nur mit dem Gesichtsausdruck oder der Körperhaltung darf es das Gefühl darstellen. Die anderen Kinder versuchen, das Gefühl zu erraten. Das Kind, welches das Gefühl erraten hat, soll nun erklären, woran es das Gefühl erkannt hat.

Hilfe! Ich bin gefangen ...

Schwierigkeitsgrad: *einfach*
Dauer: *ab 10 Minuten*
Spielform: *Kreisspiel*
Ort: *Stehkreis*
Material: *Schal oder Schnur zum Händezusammenbinden*

Ablauf:
Alle Kinder stehen im Kreis. Ein Kind wird ausgewählt und setzt sich in die Kreismitte. Die SL verbindet ihm leicht die Hände hinter dem Rücken. Es ruft nun: *„Hilfe, ich bin gefangen!"*
Die anderen Kinder rufen gemeinsam: *„Wer kann dich retten?"*
Das erste Kind ruft wieder: *„Das Kind, das ...*

- *am traurigsten gucken kann."*
- *am wütendsten ist."*
- *am fröhlichsten auf der Stelle hüpfen kann."*

Das Kind, welches die gestellte Aufgabe am besten erfüllt, darf dem gefangenen Kind helfen. Nun ist ein anderes Kind an der Reihe.

Gefühls-Ecke

Schwierigkeitsgrad: *einfach/mittel*
Dauer: *ab 10 Minuten*
Spielform: *Gruppenspiel*
Ort: *Gruppenraum*
Material: *Bildkarten „Gefühle“ (S. 120/121), Musik*

Ablauf:
Die Bildkarten werden an verschiedene Stellen in die Klasse gehängt. Die Kinder bewegen sich zur Musik im Raum. Bei Musikstopp liest die SL den Kindern einen Satz (siehe unten) vor und die Kinder stellen sich an die Stelle, die zu dem Gefühl passt. Anschließend sagt immer ein Kind, warum es sich dorthin gestellt hat.

- *Dein Freund lässt dich nicht mitspielen.*
- *Du bekommst ein Eis geschenkt.*
- *Du siehst einen Geist.*
- *Du gehst heute in den Trampolinpark.*
- *Ein Kind schubst dich.*
- *Du schießt ein Tor.*
- *Eine Spinne krabbelt über deinen Tisch.*
- *Über dich wird gelacht.*
- *Du bist hingefallen.*
- *Du verlierst bei einem Spiel.*
- *Du hast heute Geburtstag.*

Gefühle-Memo

Schwierigkeitsgrad: *mittel*
Dauer: *10 Minuten*
Spielform: *Gruppenspiel*
Ort: *Gruppenraum*
Material: *Bildkarten „Gefühle“ (S. 120/121) oder Fotokarten „Gefühle“ (S. 122–125) in doppelter oder 3-facher Ausführung, Beutel*

Ablauf:
Die Kinder ziehen Gefühle-Bilder aus einem Beutel. Haben alle Kinder eine Karte, gehen sie durch den Raum und drücken ihr Gefühl mithilfe von Mimik und Gestik aus. Glaubt ein Kind, sein Partnerkind gefunden zu haben, zeigen sie sich die Karten und stellen sich zusammen.

Mimik-Würfel

Schwierigkeitsgrad: *einfach/mittel*
Dauer: *ab 10 Minuten*
Spielform: *Kreisspiel*
Ort: *Sitzkreis*
Material: *Kopiervorlage Mimik-Würfel (S. 126)*

Ablauf:
Alle Kinder sitzen im Kreis. Ein Kind fängt an und bestimmt ein Kind, das mit ihm spielt. Dann würfelt es und stellt dem Kind eine Frage, z. B. *„Wie ist das Wetter heute?“* Das Kind muss nun, entsprechend dem gewürfelten Gefühl, die Frage beantworten. Wurde z. B. „traurig“ gewürfelt, muss es nun ganz traurig antworten. Nun würfelt es weiter und stellt dem nächsten Kind eine Frage usw. Erhält ein Kind das Fragezeichen, so darf es sich aussuchen, welche Emotion es auswählt. Alternativ zum Mimik-Würfel im Anhang können die Bildkarten der Gefühle und zwei Fragezeichen auch mit Stecknadeln auf einen großen Schaumstoffwürfel gesteckt werden.

Gefühle-Infektion

Schwierigkeitsgrad: *schwierig*
Dauer: *ab 5 Minuten*
Spielform: *Gruppenspiel*
Ort: *Gruppenraum*
Material: –

Ablauf:
Alle Kinder stehen wie versteinert in der Klasse. Ein Kind beginnt und bekommt von der SL ein Gefühl genannt (wütend, ängstlich oder traurig). Dieses muss das Kind nun darstellen und die anderen Kinder damit anstecken. D. h., es tippt einem Kind auf die Schulter und dieses wird nun von dem Gefühl „angesteckt“. Ein weiteres Kind bekommt das Gefühl „Freude“ genannt und muss nun seinerseits die Kinder mit Freude anstecken. Nach einer vorab vereinbarten Zeit (vereinbarter Signalton) kann gezählt werden, wie viele Kinder jedes angesteckt hat.

Hey, du

Schwierigkeitsgrad: *mittel*
Dauer: *5 Minuten*
Spielform: *Kreisspiel*
Ort: *Stehkreis*
Material: –

Ablauf:

Das Ziel dieses Spiels ist es, Emotionen zu erkennen und nachzumachen. Alle Kinder stehen im Kreis und zwei Kinder werden ausgewählt.

* Kind A sagt mit einer bestimmten Emotion zu Kind B: *„Hey, du!"*
* Kind B antwortet: *„Wer ich?"*
* Kind A sagt: *„Ja, du!"*
* Kind B antwortet: *„O. k."*

Dabei muss Kind B beim Antworten die Emotion von Kind A spiegeln.

Hey, du (Variante)

Schwierigkeitsgrad: *mittel*
Dauer: *5 Minuten*
Spielform: *Kreisspiel*
Ort: *Stehkreis*
Material: –

Ablauf:

Alle Kinder stehen im Kreis. Ein Kind (A) steht in der Mitte vom Kreis, zeigt auf ein anderes Kind (B) und sagt *„Du!"* in einer bestimmten Emotion. Kind B antwortet *„Ich?"* mit der gleichen Emotion, sagt dann mit neutraler Emotion *„Nein"* und geht in die Mitte des Kreises. Kind A geht raus und Kind B zeigt auf das nächste Kind C und sagt in einer neuen Emotion *„Du!"* usw.

Spießrutenlauf

Schwierigkeitsgrad: *schwierig*
Dauer: *10 Minuten*
Spielform: *Gruppenspiel*
Ort: *Gruppenraum*
Material: –

Ablauf:
Sechs Kinder verlassen die Klasse. Die anderen Kinder bilden eine Gasse. Die Kinder außerhalb der Klasse treten einzeln in den Raum und laufen langsam durch die Gasse. Sie sollten dabei darauf achten, was die anderen tun und sagen, und dabei auch auf die eigenen Gefühle achten.

Die Gasse …

- lacht,
- lobt,
- dreht sich um,
- lästert,
- beschuldigt.

! Bei diesem Spiel sollte auf die individuelle „Komfortzone" der Kinder geachtet werden. Nur die Kinder innerhalb der Gasse sagen/tun etwas, an dem das Kind gerade vorbeiläuft. Sonst kann es zu unruhig werden. Die letzten beiden Punkte sollten nur mit emotional stabilen Kindern gespielt werden. Am Ende der Gasse wird das Kind in Empfang genommen und es wird reflektiert, wie es sich gefühlt hat.

Reflexionsfragen für Kreisgespräche

* **Was ist Freude?**
* **Wann/worüber freust du dich?** *(Situationen sammeln)*
* **Wo im Körper fühlst du Freude?** *(auf Körperumriss einzeichnen, siehe Anhang, S. 127)*
* **Wie siehst du aus, wenn du glücklich bist?** *(Hier wird genau mit den Kindern besprochen, wie die Mimik und Gestik sich verändert, wenn man glücklich ist. Falls die Kinder Schwierigkeiten dabei haben, dies zu beschreiben, kann ein kleiner Spiegel mitgebracht werden, in dem sie sich der Reihe nach anschauen sollen, wenn sie sich freuen.)*
* **Kann man Freude/Glück teilen?** *(Freude/Glück wird mehr, wenn man es teilt.)*
* **Hast du schon mal jemanden glücklich gemacht?**
* **Was ist eine kleine Freude und was ist eine große Freude?**
* **Kann man immer glücklich sein?**

Glücks-Domino

Schwierigkeitsgrad: *mittel*
Dauer: *ab 20 Minuten*
Spielform: *Einzelübung und Gruppenübung*
Ort: *Gruppenraum, Sitzkreis*
Material: *DIN-A5-Papier, Stifte*

Ablauf:
Die DIN-A5-großen Blätter werden an die Kinder verteilt. Diese sollen sie nun in der Mitte einmal falten und dann auf jeder Seite eine Sache oder eine Situation malen, die sie glücklich macht. Wenn alle fertig sind, werden die Karten im Stuhlkreis nacheinander abgelegt. Dabei sollen die Kinder die Glückskarten wie nach den Regeln des bekannten Domino-Spiels aneinanderlegen. Am Ende ist im Kreis ein großes Domino entstanden, an dem man ablesen kann, wo es Überschneidungen bei den Kindern gibt. Die Karten, die von den Kindern häufig genannte Situationen darstellen, können in die Gefühle-Box (vgl. S. 79) gelegt werden (evtl. die Blätter dort, wo gefaltet wurde, durchschneiden und laminieren).

Glück erraten

Schwierigkeitsgrad: *mittel*
Dauer: *20 Minuten*
Spielform: *Einzelübung und Gruppenübung*
Ort: *Gruppenraum*
Material: *Blätter, Stifte*

Ablauf:
Im Kreis wird kurz besprochen, welche Dinge uns glücklich machen können. Nun erhält jedes Kind ein Blatt Papier und schreibt ein bis drei Dinge auf, die es glücklich machen. Alternativ kann auch gemalt werden. Die SL sammelt die Zettel ein und legt sie umgedreht in den Kreis. Nun wird nach und nach immer ein Zettel aufgedeckt. Die Kinder sollen sich die Glückszettel durchlesen oder angucken und erraten, von welchem Kind sie wohl stammen.

Glücks-Flaschendrehen

Schwierigkeitsgrad: *mittel*
Dauer: *ab 15 Minuten*
Spielform: *Kreisspiel*
Ort: *Sitzkreis*
Material: *leere Flasche*

Ablauf:
Alle Kinder sitzen im Kreis. In der Mitte liegt eine Flasche. Im folgenden Spiel soll über glückliche bzw. schöne Momente gesprochen werden. Ein Kind fängt an und dreht die Flasche. Das Kind, auf den der Flaschenhals zeigt, muss eine Frage beantworten. Mögliche Fragen sind:

- *„Was war dein schönster Tag?"*
- *„Was macht dich glücklich?"*
- *„Wann hast du dich zuletzt ganz doll gefreut?"*
- *„Worüber lachst du gern?"*

Glück verteilen

Schwierigkeitsgrad: *einfach*
Dauer: *einen ganzen Tag*
Spielform: *Gruppenübung*
Ort: –
Material: *Kopiervorlagen Lobkärtchen (S. 128/129)*

Ablauf:
Für diese Übung werden mehrere Lobkärtchen vorbereitet. Jedes Kind erhält mehrere dieser Kärtchen und darf diese beschriften und im Laufe des Tages an Kinder/Personen verteilen, die es loben möchte.

! Können die Kinder noch nicht gut schreiben, reicht es, wenn sie auf der Rückseite der Lobkärtchen den Namen des Kindes, welches sie loben möchten, schreiben. Kinder, die schon besser schreiben können, haben auf der Rückseite Platz, um Dinge aufzuschreiben, die sie an dem anderen Kind loben möchten.

Mein*e geheime*r Freund*in

Schwierigkeitsgrad: *mittel*
Dauer: *einen ganzen Tag*
Spielform: *Gruppenübung*
Ort: –
Material: *evtl. Namenskärtchen als Lose*

Ablauf:
Alle Kinder sitzen im Kreis. Gemeinsam mit den Kindern wird besprochen, wie man Glück teilen kann und was andere Menschen glücklich machen kann. Das Besondere am Glück ist nämlich, dass es mehr wird, wenn man es teilt. Nun wird den Kindern erklärt, dass sich jedes Kind heimlich ein anderes Kind aussucht, für welches es heute unerkannt etwas besonders Nettes machen möchte, z. B. die Tür aufhalten, die Tasche tragen, mitspielen lassen …
Am Ende des Tages kann darüber reflektiert werden, ob die Kinder gemerkt haben, wer ihr*e geheime*r Freund*in ist, und wie sie sich fühlen.

! Vor der Übung sollte eingeschätzt werden, ob es Außenseiter*innen in der Klasse gibt, die niemand bei freier Auswahl als geheime*r Freund*in auswählen würde. Hier kann die SL im Vorhinein lenkend eingreifen und ggf. Namen auslosen lassen, sodass die Kinder die Aufgabe bekommen, die*der geheime Freund*in eines nicht frei wählbaren Kindes zu sein.

Glücks-Tankstelle

Schwierigkeitsgrad: *einfach*
Dauer: *20 Minuten*
Spielform: *Einzelübung*
Ort: *Gruppenraum*
Material: *grünes Tonpapier (DIN A4), Kopiervorlage Kleeblatt (S. 130), goldfarbener Stift*

Ablauf:

Die SL kopiert die vergrößerte Kleeblatt-Vorlage auf den grünen Tonkarton und dekoriert sie ein wenig. In die Mitte des Kleeblattes ist ein goldener Punkt gemalt.
Die SL erklärt nun, dass das die Klassen-Glücks-Tankstelle ist, die im Gruppenraum aufgehängt wird. Wer sich nicht gut fühlt, kann zu der Glücks-Tankstelle gehen und auf den goldenen Punkt in der Mitte drücken. Dabei kann das Kind an etwas Schönes denken, um sich wieder glücklich zu fühlen. Die Kinder erhalten von der SL eine eigene, etwas kleinere Kleeblatt-Schablone für die Hosentasche/das Etui/für Zuhause. Diese sollen die Kinder ausschneiden und entsprechend bemalen/beschriften. So hat später jedes Kind seine eigene Glücks-Tankstelle.

! Alternativ kann eine kleine Glücks-Tankstelle auch in die Gefühle-Box (siehe S. 79) einziehen.

Traurigkeit

Reflexionsfragen für Kreisgespräche

* **Was ist Traurigkeit?**
* **Wann bist du traurig?** *(Situationen sammeln)* Die SL kann den Anfang machen, um das Eis zu brechen. Danach wird ein Gesprächsstein o. Ä. weitergegeben. Wer nicht möchte, muss nichts sagen. Die SL kann alles notieren. Abschließend wird zusammengefasst, welche Dinge die Kinder traurig machen, und Gemeinsamkeiten sowie Unterschiede werden thematisiert.
* **Wo im Körper fühlst du Traurigkeit?** *(im Gesicht, an der Haltung, „Kloß im Hals", Weinen ...)*. Die SL kann dies auf dem Körperumriss (siehe Vorlage, S. 127) einzeichnen.
* **Was kannst du gegen Traurigkeit tun?**
  Was hat dir schon mal gegen Traurigkeit geholfen?
* **Wie kannst du anderen Menschen helfen, die traurig sind?** *(zuhören, trösten, umarmen, ablenken, Kärtchen gegen Traurigkeit)*

Kärtchen gegen Traurigkeit

Schwierigkeitsgrad: *einfach*
Dauer: *45 Minuten*
Spielform: *Kreisspiel*
Ort: *Sitzkreis*
Material: *kleine Kärtchen, Gefühle-Box (vgl. S. 79)*

Ablauf:
Alle Kinder sitzen im Kreis. Zunächst wird in einem Gespräch gesammelt, was den Kindern bei Traurigkeit hilft. Danach sollen sie ihre Vorschläge auf kleine Kärtchen malen oder schreiben (z.B. schlafen, essen, spielen, umarmen, sich trösten lassen etc.). Diese Kärtchen können in der Gefühle-Box gesammelt und von Kindern, die traurig sind, angeschaut werden.

Rollenspiel Traurigkeit

Schwierigkeitsgrad: *mittel*
Dauer: *ab 10 Minuten*
Spielform: *Kreisspiel*
Ort: *Sitzkreis*
Material: *kleine Kärtchen, 2 Handpuppen, Gefühle-Box (vgl. S. 79)*

Ablauf:
Alle Kinder sitzen im Kreis. Die Kärtchen gegen Traurigkeit, die zuvor mit den Kindern erstellt wurden (siehe oben), werden in die Kreismitte gelegt. Zwei Kinder kommen in die Mitte und bekommen Handpuppen. Mit diesen spielen sie nun eine Szene vor, z. B. eine Handpuppe erzählt der anderen, dass sie geärgert wurde und nun richtig traurig ist. Was kann die andere Handpuppe tun? Die zuvor ausgelegten Kärtchen dienen dabei als Lösungshilfen.
Nachdem diese vorgegebene Szene vorgespielt wurde, können die Kinder eigene Beispiele nennen und durchspielen.

(!) Wichtig ist, dass die Kinder Beispiele auf freiwilliger Basis nennen und niemand zum Rollenspiel gezwungen wird.

Von Traurigkeit zu Freude

Schwierigkeitsgrad: *einfach/mittel*
Dauer: *10 Minuten*
Spielform: *Gruppenspiel*
Ort: *Gruppenraum*
Material: *trauriges Instrumentalstück*

Ablauf:
Die SL macht die Musik an und alle Kinder sollen sich mit einem traurigen Gesichtsausdruck (weinen, Mundwinkel nach unten etc.) durch den Raum bewegen. Dies kann vorher im Sitzkreis vorgespielt werden. Nach einiger Zeit kommt das Kommando hinzu, dass die Traurigkeit sich ausweitet und die Kinder nun mit dem ganzen Körper traurig sein sollen (hängende Schultern etc.).

Die SL stoppt die traurige Musik und erinnert die Kinder daran, dass sie an etwas denken sollen, das sie richtig glücklich macht. Gesichtsausdruck und Haltung ändern sich zu fröhlich und so sollen alle Kinder zurück in den Kreis gehen. Anschließend wird besprochen, wie sich der Körper anfühlte.

War es einfach, die Gefühle zu wechseln?
Woran haben die Kinder gedacht?

Grinsekatze

Schwierigkeitsgrad: *einfach*
Dauer: *10 Minuten*
Spielform: *Kreisspiel*
Ort: *Sitzkreis*
Material: –

Ablauf:

Alle Kinder sitzen im Kreis und tun so, als ob sie furchtbar traurig sind. Ein Kind kommt in die Mitte und spielt nun eine kleine Katze. Diese muss von Kind zu Kind krabbeln und durch Mimik und Gestik versuchen, die Kinder zum Lachen zu bringen.

Gelingt es ihr, wird eine neue Katze bestimmt.

Angst

Reflexionsfragen für Kreisgespräche

* **Was ist Angst?**
* **Wann hast du Angst?** *(Situationen sammeln)* Die SL kann den Anfang machen, um das Eis zu brechen, danach wird ein Gesprächsstein o. Ä. weitergegeben. Wer nicht möchte, muss nichts sagen. Die SL kann alles notieren. Abschließend wird zusammengefasst, welche Dinge uns Angst machen, und Gemeinsamkeiten sowie Unterschiede werden thematisiert.
* **Wo im Körper fühlst du Angst?** *(die Pupillen werden groß, die Hände und Beine zittern, das Herz pocht, der Bauch schmerzt oder wird flau, Gänsehaut, „Kloß im Hals"…).* Die SL kann dies auf dem Körperumriss (siehe Vorlage, S. 127) einzeichnen.
* **Was kannst du gegen Angst tun?**
  Was kannst du dir selbst sagen, wenn du Angst hast?
* **Wann hast du es schon mal geschafft, deine Angst zu besiegen?** *(Erfolgserlebnisse sammeln)* **Was hat dir dabei geholfen?**
* **Was würde dir passieren, wenn du etwas nicht schaffst?**
* **Ist Angst gut oder schlecht?** *(Angst hemmt, Angst kann aber auch ein Freund sein, denn Angst ist ein Alarmsignal und führt zu höherer Aufmerksamkeit.)*
* **Wie hängen Angst und Mut zusammen? Wie kann uns Mut helfen? Ist es mutig, keine Angst zu haben oder sich seiner Angst zu stellen?**
* **Manchmal hat man auch Angst vor Sachen, die es in Wirklichkeit gar nicht gibt. Ist dir das schon mal passiert?** *(Monster etc.)*

Was macht dir Angst?

Schwierigkeitsgrad: *mittel*
Dauer: *20–30 Minuten*
Spielform: *Einzelübung und Gruppenübung*
Ort: *Gruppenraum, Sitzkreis*
Material: *kleine Kärtchen*

Ablauf:

Gemeinsam mit den Kindern werden Situationen gesammelt, vor denen die Kinder Angst haben. Dies geschieht zunächst mündlich. Anschließend dürfen die Kinder ihre Situationen auf kleine Kärtchen malen. Sind alle Kinder fertig, treffen sie sich im Kreis und die SL sammelt die Kärtchen ein. Nun legt sie die Kärtchen verdeckt in eine lange Reihe oder in einem Kreis in die Mitte. Nach und nach werden die Karten nun aufgedeckt und bei jedem Bild wird genau geschaut, wovor das Kind Angst hat. Wer nicht will, muss nicht zugeben, welches Bild von ihm ist. Anschließend wird noch geschaut, welche Angstmotive mehrfach genannt wurden.

Kärtchen gegen Angst

Schwierigkeitsgrad: *mittel*
Dauer: *20 Minuten*
Spielform: *Gruppenübung*
Ort: *Sitzkreis*
Material: *kleine Kärtchen, Gefühle-Box (vgl. S. 79)*

Ablauf:

Mithilfe der Kärtchen, die zuvor mit den Kindern erstellt wurden (siehe oben), wird für jede Situation gemeinsam mit den Kindern überlegt, welcher Mutmachspruch gegen Angst helfen könnte. Die SL schreibt die Mutmachsprüche unter das Bild. Mutmachsprüche können sein:
Ich atme tief durch. Ich denke an was Schönes. Ich bin mutig ...

Dann können die Kärtchen gegen Angst für die Gefühle-Box gestaltet werden.

Mut-Stein

Schwierigkeitsgrad: *einfach*
Dauer: *30–45 Minuten*
Spielform: *Einzelübung*
Ort: *Gruppenraum*
Material: *pro Kind einen Stein, Acrylfarbe, Pinsel, Kärtchen gegen Angst mit Mutmachspruch (vgl. S. 98), evtl. Murmeln*

Ablauf:

Benötigt werden Steine und Acrylfarben. Die Kinder dürfen ihren eigenen Mut-Stein anmalen. Diesen können sie immer bei sich tragen, damit er ihnen in Situationen, die ihnen Angst machen, Mut gibt.
Es sollte dazu mit den Kindern noch mal ihr eigener Mutmachspruch aus der Übung von S. 98 besprochen werden.
Wenn es schneller gehen soll, können alternativ auch Mut-Murmeln ausgeteilt werden.

Mut-Runde

Schwierigkeitsgrad: *mittel*
Dauer: *10–20 Minuten*
Spielform: *Kreisspiel*
Ort: *Sitzkreis*
Material: –

Ablauf:

Alle Kinder sitzen im Kreis und überlegen, was sie besonders gut können und vor der gesamten Klasse zeigen könnten. Wer möchte, darf anfangen und vor allen anderen seine Stärke oder sein Talent vorführen. Es wird natürlich mit einem kräftigen Applaus belohnt.

! Wer nicht möchte, sollte nicht gezwungen werden.

Rollenspiel gegen Angst

Schwierigkeitsgrad: *schwierig*
Dauer: *ab 20 Minuten*
Spielform: *Kreisspiel*
Ort: *Sitzkreis*
Material: *evtl. Handpuppen*

Ablauf:

Anhand der Übung „Was macht dir Angst?“ (S. 98) wurden bereits typische Angst-Situationen der Kinder herausgefunden. Nun können Strategien gegen Angst gesammelt werden (Mutmachsprüche, an Glücks-Situationen denken, um Hilfe bitten, Freundinnen und Freunde dazuholen (Gemeinsam ist man stärker!), Mut-Murmel in der Hand rollen) …

! Wichtig ist, dass die Kinder ganz frei ihre Strategien gegen Angst äußern dürfen.

Die Gruppe einigt sich auf drei bis vier Strategien, die danach in Rollenspielen im Kreis eingeübt werden können. Damit es den Kindern leichter fällt, können hier Handpuppen zum Einsatz kommen. Auch könnte die SL jeweils eine Situation erst einmal vorspielen und dann die Kinder nachspielen lassen.

Wut

Reflexionsfragen für Kreisgespräche

- **Was ist Wut?**
- **Wann bist du wütend?** *(Situationen sammeln)* Die SL kann den Anfang machen, um das Eis zu brechen, danach wird ein Gesprächsstein o. Ä. weitergegeben. Wer nicht möchte, muss nichts sagen. Die SL kann alles notieren. Abschließend wird zusammengefasst, welche Dinge bei uns Wut auslösen, und Gemeinsamkeiten sowie Unterschiede werden thematisiert.
- **Wo im Körper fühlst du Wut?** *(der Hals wird eng, im Bauch gibt es ein „wildes" Gefühl, der Körper spannt sich an, das Gesicht wird rot, der Herzschlag wird schneller, die Atmung wird schneller ...).* Die SL kann dies auf dem Körperumriss (siehe Vorlage, S. 127) einzeichnen.
- **Was kannst du gegen Wut tun?**
  Was hat dir schon mal gegen Wut geholfen?
- **Ist Wut schlecht?** *(Wut ist wie die anderen Gefühle normal und sollte nicht verteufelt werden. Wut drückt oftmals aus, dass man sich ungerecht behandelt fühlt, sodass den Kindern klargemacht werden sollte: Du darfst wütend sein, solltest dich dabei aber nicht aggressiv verhalten.)*

Wenn ich wütend bin …

Schwierigkeitsgrad: *einfach*
Dauer: *10 Minuten*
Spielform: *Kreisspiel*
Ort: *Sitzkreis*
Material: –

Ablauf:

Alle Kinder sitzen im Kreis. Reihum kommen alle dran und sagen: *„Wenn ich wütend bin, dann mache ich so …"* (z. B. Fäuste ballen, schreien, stampfen). Die Kinder zeigen, wie sie typischerweise in wütender Stimmung aussehen.

Wut-Runde

Schwierigkeitsgrad: *mittel*
Dauer: *15 Minuten*
Spielform: *Kreisspiel*
Ort: *Stehkreis*
Material: *kleines Kissen oder Ball*

Ablauf:

Alle stehen im Kreis. Die SL fängt an, hat einen Ball in der Hand und sagt: *„Mich macht es wütend, wenn …"*.

Die SL gibt nun ein Beispiel und wirft dann den Ball zu einem Kind. Dieses muss nun zuerst den Satz der SL wiederholen und anschließend einen eigenen Satz hinzufügen. So muss jedes Kind einmal den Satz des Vorredners/der Vorrednerin wiederholen.

Das Spiel schult das Zuhören und die Konzentration.

! Bei zu großen Gruppen werden es evtl. zu viele Sätze. Hier könnten beispielhaft nur einige Kinder und die anderen Kinder in der nächsten Einheit drankommen.

Wut-Collage

Schwierigkeitsgrad: *mittel*
Dauer: *20–30 Minuten*
Spielform: *Einzelübung*
Ort: *Gruppenraum*
Material: *Blätter, Stifte oder Wasserfarbe und Pinsel, Musik*

Ablauf:
Jedes Kind malt sein persönliches Wut-Bild. Dazu wird zunächst noch mal besprochen, wie sich Wut anfühlt und in welcher Situation die Kinder sich wütend fühlten. Anschließend erhält jedes Kind ein weißes Blatt und die gewählten Mal-Utensilien. Zur Musik können die Kinder nun auf ihrem Bild malen, wie ihre Wut aussieht. Danach darf jedes Kind sein Bild vorstellen. Die Bilder können abschließend zu einer Collage verbunden und aufgehängt werden.

Kärtchen gegen Wut

Schwierigkeitsgrad: *mittel*
Dauer: *ab 15 Minuten*
Spielform: *Kreisspiel*
Ort: *Sitzkreis*
Material: *kleine Kärtchen, Gefühle-Box (vgl. S. 79)*

Ablauf:
Ein Kind kommt in die Mitte und spielt eine Situation vor oder beschreibt eine Situation, in der es beispielsweise wütend war. Nach dem es fertig ist, dürfen die übrigen Kinder sich Wege überlegen, wie das Kind in der Mitte sich wieder besser fühlen könnte. Am Ende darf das Kind der Gruppe sagen, welcher Tipp ihm besonders gut geholfen hat.
Wenn bereits einige Kinder an der Reihe waren oder keine Ideen mehr kommen, erhält jedes Kind ein kleines Kärtchen, worauf es die für sich selbst beste Lösung malt.
Die Kärtchen mit den Tipps werden eingesammelt und in der Gefühle-Box aufbewahrt.

Streit-Manege

Schwierigkeitsgrad: *mittel/schwierig*
Dauer: *ab 15 Minuten*
Spielform: *Kreisspiel*
Ort: *Sitzkreis*
Material: –

Ablauf:
Im Kreis werden typische Streit-Situationen zusammengetragen. Anschließend dürfen sich zwei bis drei Kinder einen Streit aussuchen und diesen nachspielen. Auf dem Höhepunkt des Streits klatscht die SL einmal laut in die Hände (dieses Zeichen wurde vorher verabredet). Alle Kinder frieren augenblicklich ein. Nun wird in der Gruppe überlegt, wie die Situation gelöst werden kann.

! Bei weiterem Interesse bietet Augusto Boal hier viele verschiedene Impulse.

Schneekugel

Schwierigkeitsgrad: *einfach*
Dauer: *wenige Minuten*
Spielform: *Kreisspiel*
Ort: *Sitzkreis*
Material: *Schneekugel*

Ablauf:
Um den Kindern zu verdeutlichen, wie man sich fühlt, wenn man verärgert und aufgebracht ist, kann man eine Schneekugel zu Hilfe nehmen. Kräftig durchgeschüttelt, ist in der Schneekugel ein totales Schneechaos, alles fliegt durcheinander, es gibt keinen Durchblick mehr. Doch nach ein paar Mal tief Durchatmen beruhigt sich auch das Chaos in der Schneekugel und man kann wieder klarer sehen.
Diese Übung sollte ein paar Mal mit den Kindern geübt werden und am besten mit einer Atemtechnik gekoppelt werden (siehe S. 105).

Atemübung

Schwierigkeitsgrad: *einfach*
Dauer: *wenige Minuten*
Spielform: *Kreisspiel*
Ort: *Sitzkreis*
Material: *Bildkarte „Wellen-Atmung“ (S. 131)*

Ablauf:
Mit den Kindern wird besprochen, wie wichtig es ist, sich in Streit-Situationen erst einmal zu beruhigen. Beim Beruhigen kann es uns helfen, 3-mal tief einzuatmen. Jedes Kind soll sich nun eine Welle vorstellen. In Gedanken folgen wir der Welle hoch (kurz einatmen) und lange runter (lange ausatmen). Zur Verdeutlichung kann die Bildkarte zur Wellen-Atmung genommen werden. Dies wiederholen wir 3-mal.

! Atemübungen sind ein einfaches Mittel, wie wir uns ohne weitere Hilfsmittel selbst beruhigen können. Beim bewussten Ein- und Ausatmen kommen wir zur Ruhe.

Teilen üben

Schwierigkeitsgrad: *mittel*
Dauer: *30 Minuten*
Spielform: *Kreisspiel*
Ort: *Sitzkreis*
Material: *Gegenstände wie Bonbons, Tafel Schokolade, Bücher, Ball …*

Ablauf:
Es werden bestimmte Gegenstände mitgebracht, die nicht mit der Anzahl der Kinder übereinstimmen. Gemeinsam mit den Kindern wird überlegt, wie man gerecht teilen kann (z. B. Bonbons, eine Tafel Schokolade, zwei große Bilderbücher, ein Ball etc.). Lösungsvorschläge können sein: einen Rest übrig lassen, in unterschiedliche Stücke teilen, nacheinander verwenden, gemeinsam spielen ...

Das ist mein Platz ...

Schwierigkeitsgrad: *mittel*
Dauer: *ab 10 Minuten*
Spielform: *Kreisspiel*
Ort: *Sitzkreis*
Material: *Stuhl*

Ablauf:

Alle Kinder sitzen im Kreis. Ein Kind sitzt in der Mitte auf einem Stuhl. Die SL erklärt nun, dass die Kinder sich vorstellen sollen, dass das Kind in der Mitte ihnen den Platz weggenommen hat. Gemeinsam sollen verschiedene Möglichkeiten durchgespielt werden, wie man den Platz wiederbekommt.
Die Kinder dürfen zunächst alle Möglichkeiten nennen, die ihnen einfallen.
Es können auch unerwünschte Verhaltensweisen genannt/gezeigt werden (runterschubsen, anschreien, austricksen ...).

Wichtig dabei ist es, mit den Kindern zu vereinbaren, dass dies nur ein Spiel ist und natürlich dem Kind auf dem Stuhl nicht wehgetan werden darf. Es kann helfen, vorher ein Stopp-Wort zu vereinbaren, falls es dem Kind auf dem Stuhl zu heftig wird.
Das Spiel sollte von der SL so gelenkt werden, dass am Ende auf jeden Fall die gewünschte Art des Verhaltens gezeigt wird, z. B.:

- *„Das war mein Platz, kannst du bitte aufstehen?" oder*
- *„Das war eigentlich mein Platz, aber jetzt kannst du sitzen bleiben, ich hole mir meinen eigenen Stuhl."*
- ...

(!) Dieses Spiel kann gern variiert werden, je nach typischem Streitgeschehen in der Klasse, z. B. *Das ist mein Kuscheltier. Das ist mein Ball. Das ist mein Bleistift ...*

(!) Auf dem Stuhl in der Mitte sollten nur emotional gefestigte Kinder sitzen.

War es Absicht oder Versehen?

Schwierigkeitsgrad: *mittel*
Dauer: *10–15 Minuten*
Spielform: *Kreisspiel*
Ort: *Sitzkreis*
Material: –

Ablauf:
Alle Kinder sitzen im Kreis. Die SL gibt folgende Situationen vor, die anschließend gemeinsam mit den Kindern reflektiert werden sollen:

- Tim ist im Vorbeilaufen an Janas Bauklötze-Turm gestoßen, der daraufhin umgefallen ist.
- Ayoub wirft einen Ball und trifft ein anderes Kind am Kopf.
- Ein Freund von Mohamed hat ihm noch nicht zum Geburtstag gratuliert.
- Elif schlägt ein Kind, weil es sie geschlagen hat.
- Suzana sitzt mit ausgestreckten Beinen auf dem Stuhl und ein anderes Kind stolpert über die Beine.
- Gabriel isst die Süßigkeiten auf, die Bobi gekauft hat.

Dabei gilt es, folgende Frage zu berücksichtigen: War es Absicht oder könnte es ein Versehen gewesen sein?

Wut-Ball

Schwierigkeitsgrad: *mittel*
Dauer: *45 Minuten*
Spielform: *Einzelübung*

Ort: *Gruppenraum*
Material: *Luftballon, feiner Sand, Plastikflasche, Permanentmarker, Trichter*

Ablauf:

Die Kinder basteln ihren eigenen Wut-Ball, den sie bei Bedarf nehmen und drücken können.
Der Sand wird mit einem Trichter in die Plastikflasche gefüllt. Der Ballon wird über den Flaschenkopf gezogen. Wenn der Sand im Ballon ist, wird dieser zugeknotet. Nun kann mit dem Marker ein Gesicht auf den Ballon gemalt werden.

! Bei der Erstellung der Wut-Bälle muss beachtet werden, dass die Kinder für eine längere Zeit warten müssen.

6.
Für einen schönen Abschluss

Wie auch der Anfang bildet der
Abschluss ebenfalls ein Ritual, um die Einheit ausklingen zu lassen. Hier sollte darauf geachtet werden, dass zunächst nur ein Spiel ausgewählt wird, damit es zum Ritual wird und einen klaren Abschluss darstellt.

Geschenke-Kiste

Schwierigkeitsgrad: *einfach/mittel*
Dauer: *10 Minuten*
Spielform: *Kreisspiel*
Ort: *Sitzkreis*
Material: –

Ablauf:

Alle Kinder sitzen im Kreis. Ein Kind geht in die Mitte, zieht ein imaginäres Geschenk (pantomimische Darstellung) aus einer imaginären Kiste und verschenkt es an ein Kind im Kreis. Dieses freut sich und macht weiter. Das Spiel endet, wenn alle an der Reihe waren.

Abschluss-Lob

Schwierigkeitsgrad: *einfach*
Dauer: *1 Minute*
Spielform: *Kreisspiel*
Ort: *Stehkreis*
Material: –

Ablauf:
Alle Kinder stehen im Kreis, drehen sich nach links, klopfen gleichzeitig dem vorderen Kind auf die Schulter und sagen dabei: *„Das hast du gut gemacht!“* Anschließend drehen sich alle nach rechts und wiederholen das Klopfen und Loben.

Wünsche-Weg

Schwierigkeitsgrad: *einfach*
Dauer: *unter 5 Minuten*
Spielform: *Gruppenspiel – 2 Gruppen*
Ort: *Gruppenraum*
Material: –

Ablauf:
Die Gruppe wird in zwei Hälften geteilt und eine Gruppe macht ein Spalier. Die Kinder gehen nacheinander durch das Spalier. Das erste Kind geht durch und bekommt Applaus von allen, dann folgt das nächste Kind. Sind alle einmal durch, ist die zweite Gruppe an der Reihe.

Abschluss-Rakete

Schwierigkeitsgrad: *einfach*
Dauer: *1 Minute*
Spielform: *Kreisspiel*
Ort: *Stehkreis*
Material: –

Ablauf:

Alle Kinder stehen im Kreis. Zunächst klopfen die Kinder mit der rechten Hand 4-mal auf den ausgestreckten, linken Arm, danach 4-mal mit der linken Hand auf den rechten Arm.
Nun klopfen die Kinder 4-mal mit beiden Händen auf die Brust, danach 4-mal mit beiden Händen auf die Oberschenkel. Danach wird das Ganze mit 3-mal, dann 2-mal Klopfen und zum Schluss mit einmal Klopfen wiederholt.

Am Ende werfen alle die Arme hoch und rufen dabei: *„Und tschüss!"*

7. Anhang

Die Materialien aus dem Anhang finden Sie hier auch noch einmal in Farbe zum **kostenlosen Download**. Einfach den QR-Code scannen, das Passwort eingeben und die Materialien ausdrucken.

Passwort:
SOZIALKOMPETENZ

Bildkarten „Drache, Ritter, Magier“

Illustrationen: Norbert Höveler

Illustrationen: Norbert Höveler

Illustrationen: Norbert Höveler

Bildkarte „Warme Dusche“

Puzzle

Vogelbilder (1/2)

Vogelbilder (2/2)

Illustrationen: Anja Boretzki

Illustrationen: Anja Boretzki

Wer-wir-sind-Bingo

Ich habe einen Bruder. 	Ich spreche mehrere Sprachen. 	Ich habe lange Haare. 	Ich gehe gern zur Schule. 	Ich war schon im Kino. 
Ich habe braune Augen. 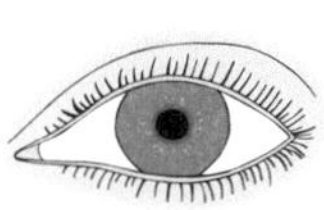	Ich habe eine Schwester. 	Ich esse gern Pizza. 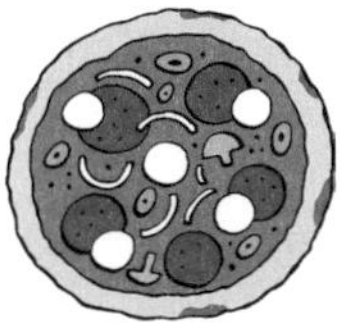	Ich spiele gern am Tablet. 	Ich habe eine Brille. 
Ich mag die Farbe Rot. 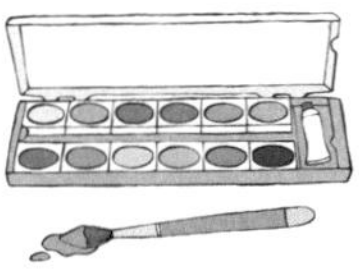	Ich spiele gern Fußball. 	Ich mag Regen. 	Ich kann Fahrrad fahren. 	Ich lese gern. 
Ich kann schwimmen. 	Ich tanze gern. 	Ich habe in einem anderen Land gelebt. 	Ich habe ein Haustier. 	Ich bin schon auf einen Baum geklettert. 
Ich esse gern Eis. 	Ich schreibe mit rechts. 	Ich esse zusammen mit der Familie. 	Ich male gern. 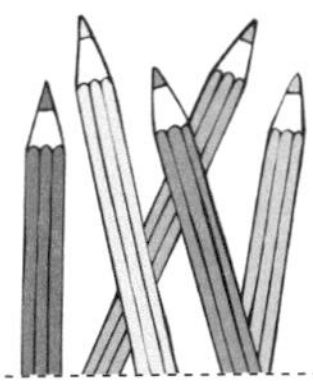	Ich habe kurze Haare. 

Bildkarten „Gefühle“ (1/2)

Illustration: Anja Boretzki

Illustration: Anja Boretzki

Bildkarten „Gefühle" (2/2)

Illustration: Anja Boretzki

Illustration: Anja Boretzki

Fotokarten „Gefühle" (1/4)

Fotokarten „Gefühle“ (2/4)

Fotokarten „Gefühle“ (3/4)

Fotokarten „Gefühle“ (4/4)

Mimik-Würfel

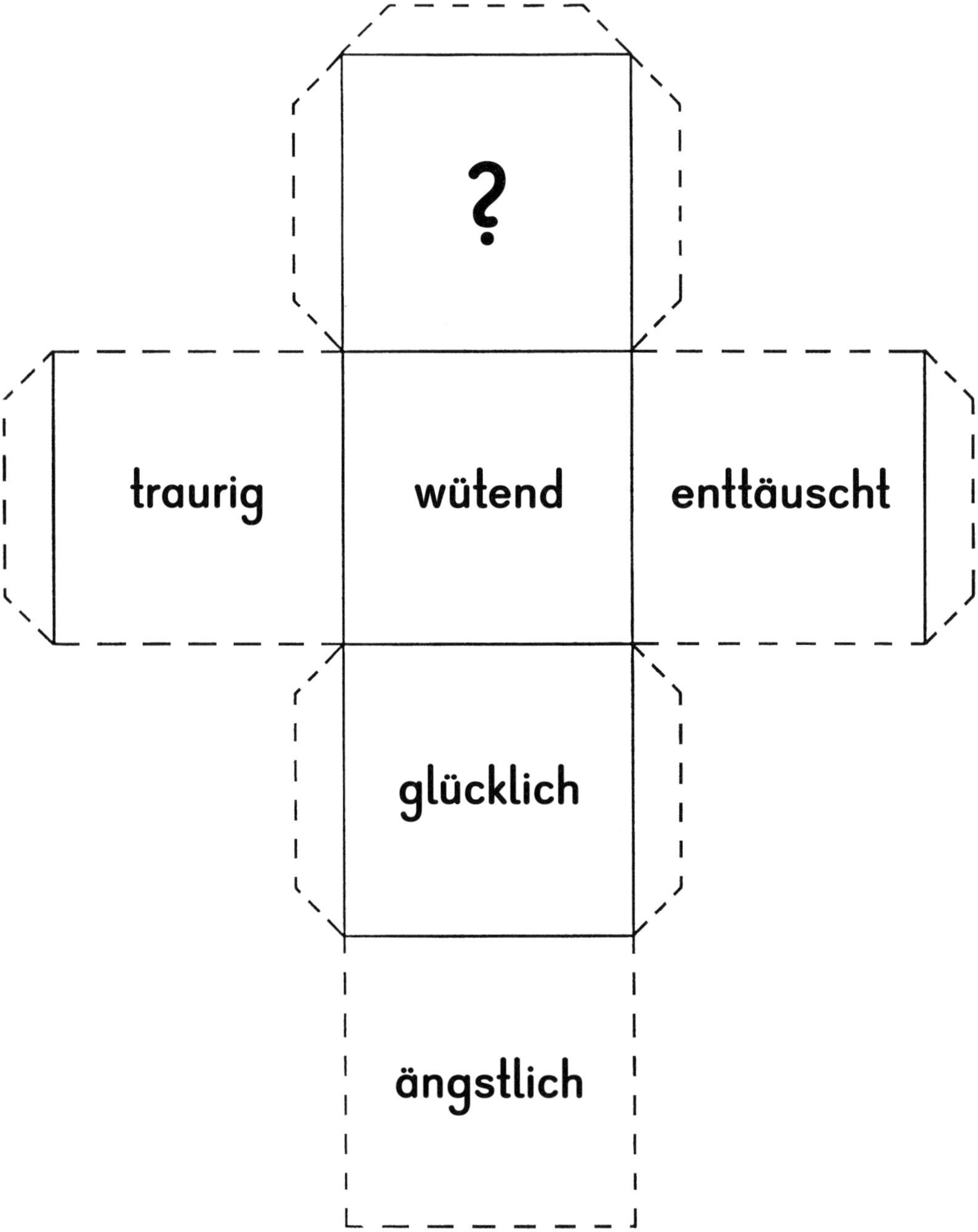

Körperumriss

Lobkärtchen (1/2)

Affenstark!

Illustration: Anja Boretzki

Prima!

Illustration: Anja Boretzki

Gut gemacht!

Illustration: Anja Boretzki

Super!

Illustration: Anja Boretzki

Lobkärtchen (2/2)

Fantastisch!

Illustration: Anja Boretzki

Extraklasse!

Illustration: Anja Boretzki

Gute Arbeit!

Illustration: Anja Boretzki

Galaktisch!

Illustration: Anja Boretzki

Kleeblatt

Bildkarte „Wellen-Atmung“

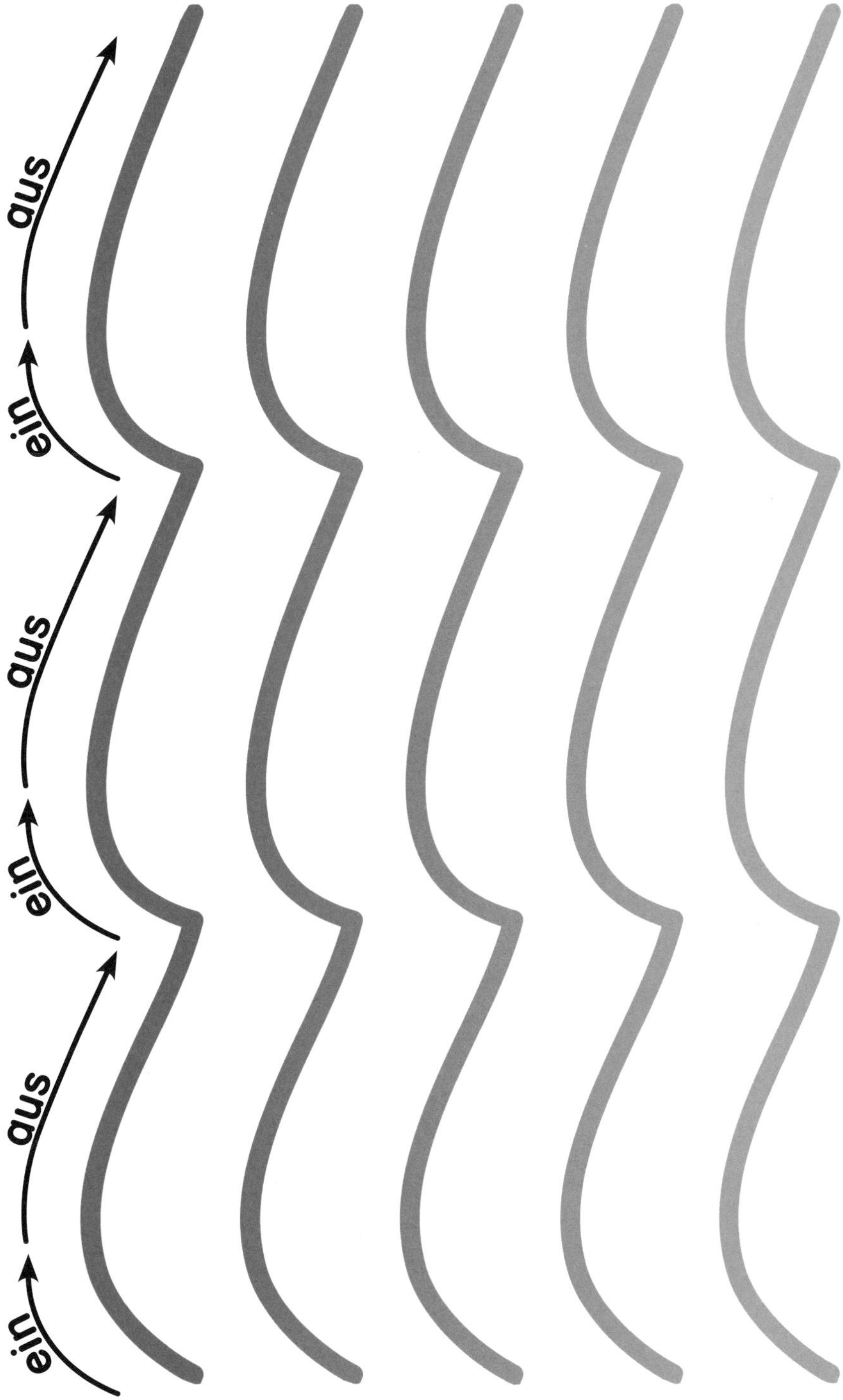

Medientipps

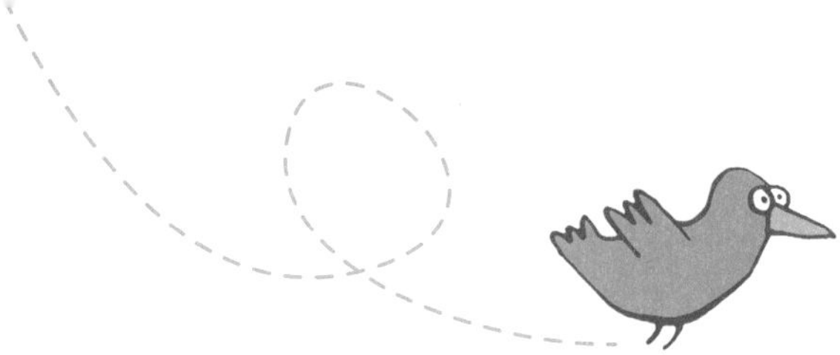

Grabe, Astrid; Dosch, Elke:
77 Ideen – Soziales Lernen in der Grundschule.
Praxisratgeber mit Spielen und Materialien. Klasse 1 bis 4.
Verlag an der Ruhr, 2014.
ISBN 978-3-8346-2589-2

Kurt, Aline:
30 x soziales Lernen für 45 Minuten – Klasse 1/2.
Fertige Stunden zur Förderung der Sozialkompetenz.
Verlag an der Ruhr, 2020.
ISBN 978-3-8346-2720-9

Quellenverzeichnis

Pfeffer, Simone:
Sozial-emotionale Entwicklung fördern.
Wie Kinder in Gemeinschaft stark werden.
Verlag Herder, 2012.

Schneider, Silvia/Popp, Lukka:
Emotionale Störungen und Verhaltensauffälligkeiten.
Psychologie im Schulalltag, Band 2.
Hogrefe Verlag, 2020.

Ständige Wissenschaftliche Kommission der Kultusministerkonferenz (SWK) (2022):
Basale Kompetenzen vermitteln – Bildungschancen sichern.
Perspektiven für die Grundschule. Zusammenfassung.
Abrufbar unter: www.kmk.org/fileadmin/Dateien/pdf/KMK/SWK/2022/SWK-2022-Gutachten_Grundschule_Zusammenfassung.pdf *(letzter Zugriff 27.03.22)*

Zimmer, Renate:
Handbuch Bewegungserziehung.
Grundlagen für Ausbildung und pädagogische Praxis.
Verlag Herder, 2014.